SPURGEON

Publicações
Pão Diário

SPURGEON

Estudos bíblicos para ADOLESCENTES e JOVENS

Adaptados por Dayse Fontoura

Spurgeon — Estudos bíblicos para adolescentes e jovens
Textos compilados e adaptados da obra
Dia a dia com Spurgeon — manhã e noite: meditações diárias,
do mesmo autor (Publicações Pão Diário, 2022).

Coordenação editorial: Adolfo A. Hickmann
Compilação, adaptação e organização dos textos: Dayse Fontoura
Revisão: Lozane Winter, Marília Pessanha Lara
Coordenação gráfica: Audrey Novac Ribeiro
Projeto gráfico: Rebeka Werner
Ilustrações: Gabriel Araujo

Dados Internacionais de Catalogação na Publicação (CIP)

SPURGEON, Charles H.
Spurgeon — Estudos bíblicos para adolescentes e jovens
Curitiba/PR, Publicações Pão Diário.
1. Cristianismo 2. Bíblia 3. Leitura devocional 4. Jovem

Publicações Pão Diário
Caixa Postal 9740
82620-981 Curitiba/PR, Brasil
publicacoes@paodiario.org
www.publicacoespaodiario.com.br
Telefone: (41) 3257-4028

Capa dura:
Código: WD213
ISBN: 978-65-5350-265-9

Capa couro:
Código: YT771
ISBN: 978-65-5350-266-6

1.ª edição: 2023 • 3.ª impressão: 2025

Impresso na China

SUMÁRIO

INTRODUÇÃO

É desafiante e encorajador produzir um livro devocional voltado ao público jovem, baseando-se no renomado *Manhã e Noite*, de Charles H. Spurgeon. Essa obra vem abençoando cristãos há mais de um século, ao aproximá-los de seu Criador, duas vezes por dia, por meio das leituras bíblicas e meditações.

Quando decidimos tomar esse passo ousado, desejávamos não apenas comunicar essas preciosas verdades às novas gerações, mas envolvê-las em um processo de crescimento espiritual que trouxesse benefícios para sua vida, agora e no futuro. Você se surpreenderá em ver que, apesar de estar separado por mais de cem anos do autor original, os ensinamentos permanecem tão atuais como se tivessem sido escritos há poucos meses.

Spurgeon também entrou na jornada cristã muito jovem. Foi criado na igreja, mas foi só aos 16 anos que se entregou a Cristo. Tudo isso e outros detalhes estarão na biografia dele, que está logo no começo do livro. Ele foi muito precoce e era também um ávido leitor. Quando morreu, aos 57 anos, tinha mais de 10 mil livros em sua biblioteca particular. E isso em um tempo em que livros eram mais caros e mais difíceis de serem adquiridos.

Spurgeon — Estudos bíblicos para adolescentes e jovens contém 52 meditações selecionadas de acordo com seis temas, uma para cada semana do ano. Eles foram especialmente pensados para os jovens contemporâneos e vão desde o relacionamento com Deus até como lidar com a ansiedade. Você pode escolher estudar sozinho ou formar um pequeno grupo de estudos e reflexão. Independentemente de qual for a sua escolha, procure seguir cada etapa que propomos:

- ☞ comece com a leitura bíblica (que já está disponível no livro);
- ☞ informe-se de detalhes que o ajudarão a compreender a meditação na seção **Para você entender**;
- ☞ responda francamente às **Perguntas para reflexão**;
- ☞ leia a meditação de Spurgeon e faça a oração que vem em seguida;
- ☞ procure cumprir o **Desafio da semana**;
- ☞ tire proveito da seção Bônus, na qual, por meio de *QR Code*s, são sugeridos vídeos, leituras, filmes, músicas, páginas nas redes sociais. Esses recursos o ajudarão na complementação de seu estudo.

Se você seguir esse passo a passo, pode ter certeza de que seu aprendizado será muito mais marcante e ficará fixado em seu coração.

Nosso desejo com este projeto é que você não apenas seja firmado em sua fé, diante de um mundo que cada vez mais questiona o modo cristão de pensar e ser, mas que seu testemunho de esperança e fé possa influenciar todos os que o cercam nos mais variados ambientes onde você se relaciona. Mas, principalmente e acima de tudo: que seu conhecimento de seu Pai Celestial seja cada vez mais profundo, e seu amor por Ele aumente à medida que usufrui mais do amor dele por você!

Seus amigos de Publicações Pão Diário

AGRADECIMENTOS

Enquanto eu estava no processo de desenvolvimento deste livro, tive uma reunião com excelentes "consultores" — alguns jovens que, nos anos de 2021 e 2022, atuavam no *Pais Movement* (uma missão voltada a escolas) em São Paulo. Suas avaliações e sugestões foram muito preciosas e, com certeza, ajudaram a enriquecer este material. Cito o nome de cada um deles que, de forma voluntária e generosa, investiu tempo para colaborar naquela videochamada, na tarde, em 28 de janeiro de 2022.

Ivonaldo J. da Silva Júnior
Joshua S. Porter
Lucieny G. Pires
Maria Gabriela C. de Oliveira
Michele T. Silva Santos
Rebeca E. Fontoura

Que Deus os abençoe, e que vocês também participem da seara produzida por este livro!

Dayse Fontoura

E TUDO COMEÇOU AOS 16 ANOS...

Primeiro filho entre 16 irmãos, Spurgeon nasceu em 19 de junho de 1834, em Kelvedon, Inglaterra. Devido a dificuldades financeiras de seus pais, passou parte de sua infância com seus avós paternos, que o iniciaram na fé cristã. Mais tarde, voltou a morar com os próprios pais em Colchester. Quando criança ouviu de alguém uma palavra que foi confirmada, mais tarde, durante seus anos de ministério: "Este menino pregará o evangelho a grandes multidões".

Apesar de nascido e criado em um lar cristão, Spurgeon buscava um relacionamento genuíno com Cristo. Por isso, dos 14 aos 16 anos, passou por uma crise a respeito de sua salvação. A convicção de pecado perturbava sua alma. Por seis meses ele visitou igrejas, orou e lutou contra a condenação que sentia em seu coração. Certo dia, devido a uma nevasca, entrou em uma congregação onde ouviu um simples sapateiro levantar-se e ler: "Olhai para mim e sereis salvos..." (Isaías 45:22 ARC). O pregador repetia a passagem e dizia: "Olhai para mim, e não para vocês mesmos. Olhai para mim, pendurado na cruz, olhai para mim, morto e sepultado". Em seguida, fixando os olhos em Spurgeon, disse: "Moço, olhe para Jesus! Olhe agora!". Spurgeon olhou para Jesus com fé e arrependimento, e foi salvo. Por toda a sua vida jamais deixou de olhar para seu Senhor e Salvador.

Após sua conversão, foi batizado e começou a distribuir panfletos e a ensinar crianças na Escola Dominical em Newmarket. Aos 16 anos pregou seu primeiro sermão em Teversham. O convite para esse sermão foi uma surpresa para Spurgeon, pois ele ficou sabendo que teria de ser o pregador enquanto acompanhava seu amigo à pequena choupana de palha, que funcionava como capela e onde se reuniam simples trabalhadores rurais com suas esposas. Os ouvintes ficaram impressionados com o jovem e, terminado o culto seguiu-se um diálogo curioso, relatado pelo próprio Spurgeon:

—Quantos anos você tem? — era a pergunta principal.

—Tenho menos de 60 — respondi.

—Sim, e menos de 16 — foi a réplica da senhora idosa.

—Não se preocupem com minha idade, pensem no Senhor Jesus e em Sua honra — foi tudo o que pude dizer, prometendo depois, voltar novamente… [Meu primeiro sermão, em *Bíblia de estudos e sermões de Charles Haddon Spurgeon*, pg. XIV]."

Quando tinha apenas 18 anos, recebeu a incumbência de pastorear uma pequena congregação na cidade de Waterbeach. Aos 19, foi convidado a pastorear a igreja de New Park Street, na região metropolitana de Londres. Convicto de que essa era a vontade de Deus para sua vida, aceitou o desafio e passou a liderar um suntuoso templo de 1.200 lugares, mas que contava com apenas pouco mais de 100 pessoas frequentando os cultos.

Foi nesta época, mais precisamente em 18 de dezembro de 1853, que Susannah Thompson, uma menina tímida, com bom senso de humor e muito inteligente, o assistiu pregar pela primeira vez. A primeira impressão da moça quanto à aparência do pregador foi divertida: ela o achou desajeitado por sua maneira de se vestir e por seus cabelos mal penteados. No entanto, a sua eloquência e mensagem no púlpito comoveram profundamente a jovem.

Menos de 6 meses depois, Charles e Susannah começaram a namorar durante uma noite festiva em Londres, sendo ela dois anos mais velha que o rapaz. Dois meses depois, veio o pedido de casamento no jardim da casa do avô de Susannah. O casamento ocorreu no inverno de 1856, numa cerimônia na Capela da Rua New Park. Pelo fato de Spurgeon já contar com muita fama, multidões tomaram as ruas da capital da Inglaterra esperando testemunhar o enlace, a ponto de haver necessidade de a polícia bloquear as ruas ao redor da capela a fim de manter a ordem. Pouco tempo depois o casal teve dois filhos gêmeos não-idênticos, Charles e Thomas.

Com a crescente popularidade de Spurgeon, imediatamente tornou-se necessária a ampliação da capela da Rua New Park para acomodar os fiéis que ali se reuniam. Mesmo após uma

reforma, poucos meses depois, o espaço tornou-se insuficiente, pois multidões ajuntavam-se para ouvi-lo. Assim, ousadamente, Spurgeon decidiu mudar a igreja para um lugar com acomodação para 12 mil pessoas. No culto de inauguração do grande Tabernáculo Metropolitano, em 18 de março de 1861, dez mil pessoas estavam presentes.

Em pouco tempo, ele se tornou uma figura célebre ao redor do mundo e foi reconhecido como uma das mentes mais brilhantes de sua época. Era convidado para ensinar em vários países, pregando uma média de 8 a 12 mensagens por semana. O maior auditório ao qual pregou foi no Crystal Palace, Londres, em 7 de outubro de 1857. Aproximadamente 23.650 pessoas se reuniram naquela noite para ouvi-lo.

Todo seu sucesso como pregador e pai de família não o livraram de grandes sofrimentos. Ainda jovem, desenvolveu gota e reumatismo; quanto mais a idade avançava, mais essas enfermidades o debilitavam. A delicada condição de saúde de sua esposa, que tinha uma doença degenerativa, também era outro fator agravante. Por diversas vezes, Spurgeon teve que se ausentar de seu púlpito por recomendação médica. Nos anos de 1880, foi diagnosticado com doença de Bright (conhecida hoje como insuficiência renal crônica), uma doença degenerativa e crônica, sem cura.

Pouco antes de sua morte, Spurgeon enfrentou muita oposição, dentro e fora da igreja, o que desgastou ainda mais sua debilitada saúde. Em 1891, sua condição agravou-se, forçando-o a convidar um pastor dos

Estados Unidos para assumir temporariamente a função principal de sua igreja. Nessa época, ele tinha que passar meses no litoral francês onde o clima ameno e ensolarado ajudava a aliviar suas dores físicas.

Como humanitário, aos 50 anos, Spurgeon havia fundado e supervisionava cerca de 66 instituições sociais, incluindo igrejas, escolas, seminários, orfanatos, escolas de pastores, revistas mensais e editoras. Iniciou, juntamente com sua esposa, um ministério de distribuição de livros para pastores sem condições financeiras, bem como a doação de roupas e sopa comunitária, tanto para membros como para não membros no Tabernáculo Metropolitano. Também era um abolicionista fervoroso e recebeu ameaças de morte por essa razão.

Pastoreava uma igreja de milhares de pessoas, respondia uma média de 500 cartas semanalmente, lia seis livros teológicos por semana, e isso, dizia ele, representava apenas metade de suas tarefas. Dentre seus dons estava a capacidade de escrever. Escrevia tão bem quanto pregava. Em 1892, os sermões de Spurgeon já eram traduzidos para cerca de nove línguas diferentes. Publicou 3.561 sermões e 135 livros. Até o último dia de pastorado, havia batizado em torno de 14.692 pessoas e preparado centenas de jovens para o ministério.

Em 7 de junho de 1891 ensinou pela última vez. Suas últimas palavras, no leito de morte, foram dirigidas à sua esposa: "Ó, querida, tenho desfrutado de um tempo muito glorioso com meu Senhor!". Ela, então, exclamou: "Ó, bendito Senhor Jesus, eu te agradeço pelo tesouro que me emprestaste no decurso desses anos". Spurgeon "adormeceu" em Menton, França, em 31 de janeiro de 1892, aos 57 anos. Seu corpo foi transportado para a Inglaterra. Na ocasião de seu funeral (em 11 de fevereiro de 1892), muitos cortejos e cultos foram organizados em Londres. Seis mil pessoas assistiram ao culto memorial. Em seu caixão, uma Bíblia estava aberta no texto de sua conversão: "Olhai para mim e sereis salvos..." (Is 45:22 ARC). Em seu simples túmulo, estão gravadas as palavras: "Aqui jaz o corpo de CHARLES HADDON SPURGEON, esperando o aparecimento do seu Senhor e Salvador JESUS CRISTO".

Parte 1

Meu relacionamento com Deus

Não poderíamos começar nosso ano devocional de outra maneira. Nosso relacionamento com Deus é a coisa mais importante dessa vida e, a partir dele, provém todo o restante. Então, amigo, se você começar mal, não há como terminar bem! Assim sendo, é crucial que comecemos pelo alicerce de sua construção...

Fomos criados de forma especial. Dentre toda a criação, nós somos os únicos que não nasceram apenas da palavra de Deus. Ele não disse: "Haja ser humano!", e nós viemos a existir, como ocorreu com todo o restante. Desta vez, houve um diálogo entre a Trindade, um plano especial foi desenvolvido, uma criatura que compartilharia semelhanças com o próprio Deus seria formada. "Então Deus disse: 'Façamos o ser humano à nossa imagem; ele será semelhante a nós. Dominará sobre os peixes do mar, sobre as aves do céu, sobre os animais domésticos, sobre todos os animais selvagens da terra e sobre os animais que rastejam pelo chão'" (Gn 1:26). Conosco foi compartilhada a capacidade de se relacionar inteligentemente, de criar, de governar. Embora Deus tenha se alegrado com cada etapa da criação, é apenas quando o homem e a mulher são criados que Ele avalia tudo como "muito bom" (v.31). Seu plano chegou ao ponto mais alto!

Mas nós nos afastamos dele por causa do pecado. Fomos expulsos de Sua presença porque nossa contaminação não poderia resistir na presença da santidade divina. Porém, o próprio Senhor traçou o caminho de volta e pagou o preço para nos aproximar dele. Esse caminho é pavimentado pelo amor: o amor dele por nós, e a retribuição que Ele deseja de nós em amor. "Ame o SENHOR, seu Deus, de todo o seu coração, de toda a sua alma e de toda a sua força" (Dt 6:5; repetido por Jesus em Mateus 22:37).

Nesta primeira parte, nós lhe apresentaremos o esforço divino para se aproximar de você e como você poderá corresponder a essas iniciativas de Deus. Se você corrigir o alicerce de sua vida, pode ter certeza: todo o demais trabalho de construção será muito menos desafiador e infinitamente mais sólido!

O AMOR QUE NOS COBRE

Leitura bíblica: Mateus 6:25-30

Por isso eu lhes digo que não se preocupem com a vida diária, se terão o suficiente para comer, beber ou vestir. A vida não é mais que comida, e o corpo não é mais que roupa? Observem os pássaros. Eles não plantam nem colhem, nem guardam alimento em celeiros, pois seu Pai celestial os alimenta. Acaso vocês não são muito mais valiosos que os pássaros? Qual de vocês, por mais preocupado que esteja, pode acrescentar ao menos uma hora à sua vida? E por que se preocupar com a roupa? Observem como crescem os lírios do campo. Não trabalham nem fazem roupas e, no entanto, nem Salomão em toda a sua glória se vestiu como eles. E, se Deus veste com tamanha beleza as flores silvestres que hoje estão aqui e amanhã são lançadas ao fogo, não será muito mais generoso com vocês, gente de pequena fé?

Para você entender

O amor de Deus por nós não se estende apenas ao nosso espírito, como alguns pensam. Ele nos deu um corpo quando nos criou, e Seu amor por nós também envolve a Sua apreciação por esse corpo e a provisão para as nossas necessidades físicas. No entanto, também a nossa alma, centro de nossas emoções, é alvo do interesse de Deus.

O motivo de Jesus ter vindo como homem foi para se identificar com toda a experiência humana — nossas necessidades físicas e emocionais — e para nos mostrar que podemos provar o cuidado de Deus em todas as áreas de nossa vida se dependermos dele.

Perguntas para reflexão

1. Você crê que Deus ame seu corpo exatamente como você é? Seja você alto ou baixo; não importa a sua raça, gênero, o formato de seu rosto, seus cabelos, mãos e pés? Crê que Ele se importa com o modo como você trata seu físico?

2. Como você tem lidado com suas emoções ultimamente? Tem andado ansioso, com medo, nervoso, instável? Sente alegria em suas circunstâncias, ou se abala facilmente?

3. Sabendo que o amor de Deus por você é infinito, como você tem se dedicado a Cristo no seu dia a dia? Ele é só alguém a quem você recorre quando está em apuros, ou você se dedica a Ele a cada momento?

MEDITAÇÃO 1[1]

"...o SENHOR tem prazer em seu povo...".

(Salmo 149:4)

Como o amor de Jesus é abrangente! Não há uma área do interesse do Seu povo que Ele não leve em consideração, e nada que se relacione ao bem-estar deles que não seja importante para Jesus. Ele não pensa em você apenas como um ser imortal, mas como alguém mortal também. Não negue nem duvide disto: "Até os cabelos de sua cabeça estão todos contados. Portanto, não tenham medo..." (Lc 12:7). Seria muito triste se o manto do amor de Deus não pudesse cobrir todas as nossas preocupações. Isso poderia permitir que algo operasse o mal numa área de nossa vida, caso ela não estivesse sob a vistoria do nosso Senhor amoroso!

Jovem, descanse seguro de que o coração de Jesus se preocupa com suas menores questões. A grandeza de Seu amor afetuoso é tamanha, que você pode descansar nele em todos os assuntos. Ele sofre com você em todos os seus sofrimentos (Is 63:9), Ele é como um pai bondoso e compassivo com os Seus filhos (Sl 103:13). Os interesses mais básicos de todos os Seus servos são carregados pelo Filho de Deus!

Como é lindo o coração dele! Ele não entende apenas as pessoas de Seu povo, mas compreende também as diversas e incontáveis preocupações de todas as pessoas! Você acha que conseguiria medir o amor de Cristo? Pense no que esse amor trouxe para você — você foi justificado do seu pecado, adotado na família de Deus, santificado e tem a promessa da vida eterna!

Será que um amor como esse recebe em troca, pelo menos, metade de nosso coração? Ou Cristo tem, como retribuição, um amor frio? Vamos corresponder à Sua maravilhosa bondade e ao Seu cuidado carinhoso conosco com uma resposta fraca e um reconhecimento tardio?

[1]Adaptado de Noite, 29 de abril.

Jovem, afine os instrumentos musicais de seu coração e cante uma canção alegre de gratidão a Deus! Vá viver o seu dia alegremente porque você não é mais um mendigo desolado, mas um filho amado, vigiado, cuidado, suprido e defendido pelo seu Senhor.

Oração

Deus, às vezes comparo meu corpo com o de outras pessoas e fico insatisfeito. Gostaria que algumas coisas fossem diferentes, mas entendo que há coisas que não posso mudar e com que vou ter de aprender a conviver e até admirar. Ajude-me a entender que eu sou uma pessoa única e especial para o Senhor, e que Seu amor por mim se estende a tudo o que sou.

Ajude-me a perceber o Seu cuidado comigo em todas as áreas de minha vida, até nas minhas necessidades físicas. Quero aprender a amar o Senhor e a confiar em Seu amor que não tem medida. Quero viver alegre dentro do que o Senhor planejou para mim. Amém!

Desafio da semana

> “Quando escrevo, tenho um espelho para a minha alma.

Descreva as suas características pessoais, físicas e de sua personalidade, que o tornam único. Seja otimista e procure encontrar seus pontos fortes. Agradeça a Deus por essas coisas que Ele lhe deu, que fazem de você uma pessoa especial para Ele e para o mundo.

Escreva, diariamente, todas as coisas boas que lhe aconteceram, podem ser pequenas ou grandes, e agradeça a Deus porque tudo isso (e até o que você não percebeu) é fruto do amor dele por sua vida.

Bônus

Assista a este vídeo e saiba mais sobre “A beleza que não desaparece”.

CANTANDO A DEUS

Leitura bíblica: Salmo 138

Graças te dou, SENHOR, de todo o meu coração;
cantarei louvores a ti diante dos deuses.
Prostro-me diante do teu santo templo;
louvo teu nome por teu amor e tua fidelidade,
pois engrandeceste acima de tudo teu nome e tua palavra.
Quando eu clamo, tu me respondes;
coragem e força me dás.
Os reis de toda a terra te darão graças, SENHOR,
pois todos eles ouvirão tuas palavras.
Sim, cantarão a respeito dos caminhos do SENHOR,
pois a glória do SENHOR é grande.
Mesmo nas alturas, o SENHOR cuida dos humildes,
mas mantém distância dos orgulhosos.
Ainda que eu esteja cercado de aflições,
tu me protegerás da ira de meus inimigos.
Estendes tua mão,
e o poder de tua mão direita me liberta.
O SENHOR cumprirá seus planos para minha vida,
pois teu amor, ó SENHOR, dura para sempre;
não me abandones, pois tu me fizeste.

Para você entender

Neste devocional, Spurgeon vai mencionar o autor John Bunyan que, em 1678, publicou sua obra mais famosa: *O Peregrino* (Publicações Pão Diário, 2021). Mesmo tantos séculos mais tarde, esse livro continua como um dos maiores clássicos da literatura cristã.

Ele narra a história de Cristão, um homem que abandonou a Cidade da Destruição, onde morava, após um encontro com um personagem chamado Evangelista. Depois, ele segue seu caminho em busca de se livrar do peso (que representa o pecado) que ele carregava todo o tempo sobre os ombros. Esse peso só se desprende dele quando Cristão chega à cruz. E ele então canta uma bela poesia a Deus pela alegria do alívio que experimentava. Essa é a sensação de quem vivencia o perdão incondicional de Deus!

Perguntas para reflexão

1. Há muitos motivos que nos levam a cantar de alegria: um aniversário, formatura, casamento, nascimento de bebês, vitória do time. E normalmente ficamos muito animados nessas ocasiões. Você se sente igualmente animado quando canta para Deus? Por quê?

2. Você já experimentou a alegria de ter seu pecado perdoado e a oportunidade do início de uma nova vida, como que recomeçando do zero, com Deus? Como anda seu relacionamento com o Senhor: é mais tipo um esconde-esconde de sua parte, ou você procura estar sempre diante dele abertamente?

3. Quais os motivos que você teria para cantar para Deus hoje?

MEDITAÇÃO 2[2]

"...cantarão a respeito dos caminhos do SENHOR...".

(Salmo 138:5)

A primeira vez que os cristãos começam a cantar a respeito dos caminhos do Senhor é quando eles são libertos de seu pecado aos pés da cruz. Nem mesmo as canções dos anjos parecem tão lindas quanto a primeira música que vem de um filho de Deus perdoado. John Bunyan descreve esse momento quando o pobre peregrino se livra de seus fardos de pecado diante cruz. Então, ele dá três grandes pulos e segue seu caminho cantando:

Bendita cruz! Bendito sepulcro! Seja ainda mais bendito
O Homem que lá foi envergonhado por este perdido!

Jovem, você lembra o dia em que o peso do pecado caiu de seus ombros? Lembra-se do lugar onde Jesus o encontrou e disse: "Eu o amei com um amor infinito; desfiz a grossa nuvem de seus pecados. Eles nunca mais serão mencionados contra você"?

A primeira vez que o Senhor perdoou o meu pecado, eu fiquei tão alegre que quase não consegui me conter de vontade de dançar. No caminho daquela igrejinha até a minha casa, eu achava que deveria contar para as pedras da rua a história da minha libertação! Eu estava tão feliz, que queria contar sobre o maravilhoso amor de Jesus a cada floco de neve que caía do céu. O amor que havia apagado os pecados de mim, um dos jovens mais rebeldes.

Mas não é apenas no começo da caminhada com Cristo que temos motivos para cantar. Enquanto vivemos como filhos de Deus, descobrimos razões para cantar sobre os caminhos do Senhor. E a Sua constante

[2]Adaptado de Manhã, 1º de fevereiro.

bondade nos leva a dizer: “Louvarei o SENHOR em todo o tempo; meus lábios sempre o louvarão” (Sl 34:1).

E você já louvou a Deus no dia de hoje?

Oração

Pai querido, às vezes estou tão preocupado com a minha rotina, com as coisas que eu gosto, que nem lembro de agradecer ao Senhor pelas coisas boas da minha vida. Às vezes, até durante o culto, eu canto automaticamente, só para acompanhar outros ou porque a música é “legal”. Mas me ajude a, da próxima vez que eu estiver louvando o Senhor, fazer isso de coração.

Que a minha vida deixe bem claro a todo o mundo que eu não estou alheio aos Seus atos de bondade e cuidado comigo ou com todos ao meu redor! Amém!

Desafio da semana

> “Quando escrevo, tenho um espelho para a minha alma.

Nem todo mundo tem talento musical. Isso é fato! Mas Deus não se importa com a sua afinação, Ele se importa se o que você fala vem do seu coração. Então, em cada dia desta semana, escolha uma música cristã que você possa usar como uma oração cantada, e louve a Deus com ela.

Não louvamos a Deus apenas com música. Que tal postar em suas redes sociais um motivo por dia pelo qual Deus deva ser louvado? Seja criativo e faça *posts* bem bonitos!

Bônus

Acesse a página abaixo e tenha acesso gratuito às primeiras páginas do livro *O Peregrino*, que Spurgeon mencionou nesta meditação.

DE QUE LADO VOCÊ ESTÁ?

Leitura bíblica: Josué 24:14-15

Portanto, temam o SENHOR e sirvam-no de todo o coração. Lancem fora os ídolos que seus antepassados serviam quando viviam além do Eufrates e no Egito. Sirvam somente ao SENHOR. Mas, se vocês se recusarem a servir ao SENHOR, escolham hoje a quem servirão. Escolherão servir os deuses aos quais seus antepassados serviam além do Eufrates? Ou os deuses dos amorreus, em cuja terra vocês habitam? Quanto a mim, eu e minha família serviremos ao SENHOR.

Para você entender

A vida é feita de decisões. Algumas são mais triviais como: "Qual filme vou assistir?", "Onde vamos comemorar o Natal?"; outras, mais cruciais: "Qual vai ser a minha profissão?" ou "Com quem vou me casar?". Mas nenhuma decisão é mais importante do que: "A quem eu vou servir?". Não se engane, só existem duas opções: Ou você serve a Deus, ou serve ao adversário de Deus, o diabo.

Nosso inimigo muitas vezes se disfarça de bondoso (como ele fez com Adão e Eva) e, com uma conversa mansa e argumentos aparentemente bons, nos convence de que algumas coisas que Deus diz são erradas, que Ele é ultrapassado ou egoísta. E assim, pouco a pouco, nos afasta do Senhor, substituindo-o por falsos deuses: dinheiro, fama, sexo, vícios, carreira etc. Não se engane: as consequências de suas decisões erradas vão atingir você, mais cedo ou mais tarde. E aí? Quem é o seu mestre com quem você viverá a eternidade?

Perguntas para reflexão

1. Sabendo que a decisão mais importante de sua vida é a quem você vai servir, você já saberia responder com certeza quem é o seu senhor? Por quê?

2. Quanto você acha que suas companhias influenciam no tipo de pessoa que você é ou deseja se tornar? Você escolhe seus amigos observando se eles são amigos de Deus também?

3. O que você pensa sobre alguns lugares frequentados pela "galera"? Acha que um cristão pode ir a qualquer lugar e está tudo bem? Como reconhecer os limites daqueles lugares que podem ser prejudiciais para seu relacionamento com Deus?

MEDITAÇÃO 3[3]

"...A quem você pertence...?"

(1 Samuel 30:13)

Não pode existir neutralidade na religião! Ou estamos sob a bandeira de Cristo, para servir e lutar Suas batalhas, ou somos serviçais do príncipe das trevas, Satanás. "A quem você pertence...?"

Jovem, permita-me ajudá-lo em sua resposta. Você "nasceu de novo"? Se nasceu, pertence a Cristo, mas sem o novo nascimento, você não pode ser dele. *Em quem você confia?* Aqueles que creem em Jesus são filhos de Deus e confiam nele. *Com qual companhia você anda?* Se pertence a Jesus, seus principais relacionamentos serão com aqueles que vivem sob a cruz. "Aves do mesmo bando voam juntas." *Qual é o assunto de suas conversas?* Teria vergonha delas se Jesus aparecesse visível? *O que você tem aprendido com seu Mestre?* Os discípulos aprendem muito com os mestres de quem são aprendizes. Se você serve a Jesus, as pessoas falarão a seu respeito como, no passado, foi dito de Pedro e João: "...Reconheceram também que eles haviam estado com Jesus" (At 4:13).

Reforçamos a pergunta, "A quem você pertence...?". Responda honestamente hoje. Se você não é de Cristo, está numa situação difícil. Fuja de seu mestre cruel, o diabo!

Se você é de Cristo, vou aconselhá-lo a fazer quatro coisas. Você pertence a Jesus — *obedeça-lhe*: permita que Sua Palavra seja a sua lei e o desejo de Deus seja a sua vontade. Você pertence ao Amado, então *ame-o*: deixe seu coração abraçá-lo; que toda a sua alma seja repleta dele. Você pertence ao Filho de Deus, então *confie nele*: descanse apenas nele. Você pertence ao Rei dos reis, então *seja decidido por Ele*. Agora, se você não foi marcado por Cristo em sua testa, todos saberão a quem você pertence.

---

[3]Adaptado de Noite, 12 de março.

Oração

Senhor, não tenho tanta experiência e tomar decisões importantes é difícil. Por isso, me ajude a todo dia escolher o Senhor como mestre e deixar que a Sua orientação me dirija no planejamento da minha vida.

Ajude-me também a entender que eu não posso mudar os outros, mas posso decidir ser diferente e melhor com o Seu auxílio. Que assim eu possa influenciar os outros a escolher seguir ao Senhor também. Amém!

Desafio da semana

> **"Quando escrevo, tenho um espelho para a minha alma.**

Faça uma lista daqueles que são seus amigos mais próximos. Observe o comportamento e as escolhas deles. Sabendo que as más companhias provavelmente nos influenciarão ao mal (1Co 15:33), há alguém de quem você precisa se afastar, sem ter necessariamente de cortar a amizade?

Você tomou uma decisão errada ultimamente? Está disposto a pedir perdão a Deus e a alguém que tenha ofendido? Ore a Deus nos próximos dias e peça que Ele lhe dê um plano sobre como corrigir o erro que cometeu e a coragem para fazer o que Ele lhe dirigir.

Bônus

Assista a este vídeo para conhecer a história de alguém que tomou muitas decisões erradas e veja o desfecho emocionante que a vida dele teve.

O MELHOR PROFESSOR

Leitura bíblica: Lucas 24:13-32

Naquele mesmo dia, dois dos seguidores de Jesus caminhavam para o povoado de Emaús, a onze quilômetros de Jerusalém. No caminho, falavam a respeito de tudo que havia acontecido. Enquanto conversavam e discutiam, o próprio Jesus se aproximou e começou a andar com eles. Os olhos deles, porém, estavam como que impedidos de reconhecê-lo. Jesus lhes perguntou: "Sobre o que vocês tanto debatem enquanto caminham?".

Eles pararam, com o rosto entristecido. Então um deles, chamado Cleopas, respondeu: "Você deve ser a única pessoa em Jerusalém que não sabe das coisas que aconteceram lá nos últimos dias". "Que coisas?", perguntou Jesus. "As coisas que aconteceram com Jesus de Nazaré", responderam eles. "Ele era um profeta de palavras e ações poderosas aos olhos de Deus e de todo o povo. Mas os principais sacerdotes e outros líderes religiosos o entregaram para que fosse condenado à morte e o crucificaram. "Algumas mulheres de nosso grupo foram até seu túmulo hoje bem cedo e voltaram contando uma história surpreendente. Disseram que o corpo havia sumido e que viram anjos que lhes disseram que Jesus está vivo. Alguns homens de nosso grupo correram até lá para ver e, de fato, tudo estava como as mulheres disseram, mas não o viram." Então Jesus lhes disse: "Como vocês são tolos! Como custam a entender o que os profetas registraram nas Escrituras! Não percebem que era necessário que o Cristo sofresse essas coisas antes de entrar em sua glória?". Então Jesus os conduziu por todos os escritos de Moisés e dos profetas, explicando o que as Escrituras diziam a respeito dele. Aproximando-se de Emaús, o destino deles, Jesus fez como quem seguiria viagem, mas eles insistiram: "Fique conosco esta noite, pois já é tarde". E Jesus foi para casa com eles. Quando estavam à mesa, ele tomou o pão e o abençoou. Depois, partiu-o e lhes deu. Então os olhos deles foram abertos e o reconheceram. Nesse momento, ele desapareceu. Disseram um ao outro: "Não ardia o nosso coração quando ele falava conosco no caminho e nos explicava as Escrituras?".

Para você entender

Muitos estudiosos da Bíblia creem que aqui se tratava de um casal: Cleopas e sua provável esposa, mencionada em João 19:25. Mesmo que haja uma pequena variação na apresentação do nome Cleopas ou Clopas, acredita-se que fosse a mesma pessoa. Se isso for verdade, temos aqui Cleopas e Maria retornando para casa depois da crucificação de Cristo. Quer fosse ou não um casal, esses dois discípulos já haviam ouvido sobre a ressurreição de Jesus, mas essa era uma notícia muito difícil de acreditar.

A caminhada de Jerusalém a Emaús levava cerca de três horas. Durante quase todo esse tempo, Jesus caminhou com eles, mesmo não sendo reconhecido, e lhes explicava como o Antigo Testamento falava sobre Ele do começo ao final. Enquanto recebiam essa aula de escola bíblica, o coração desses discípulos ardia e, quando seus olhos foram abertos para reconhecer Jesus, eles perceberam que haviam tido a melhor classe de todo Universo.

Jesus está com você hoje para lhe ensinar a Palavra de Deus também. Você só precisa abrir seu coração a Ele, e o Mestre vai ajudá-lo a compreender a mensagem desse Livro maravilhoso que Ele deixou para nós.

Perguntas para reflexão

1. Você já tentou ler a Bíblia? Se sim, qual a maior dificuldade que encontrou? Fez algo para solucioná-la? Se não, por que nunca tentou?

2. Qual o conceito que a sociedade atual tem da Palavra de Deus? Você concorda com o que eles dizem? Quanto você acha que essa opinião geral influencia a sua própria avaliação desse Livro de Deus?

3. Hoje não temos mais a oportunidade de termos Jesus visível entre nós, mas Ele nos deixou o Seu Espírito para nos ensinar sobre Cristo e Sua Palavra (leia João 14:26). Você consegue reconhecer seu privilégio por ter acesso fácil à Bíblia a qualquer hora e em qualquer lugar (por meio dos aplicativos móveis, por exemplo) e ao Espírito Santo para lhe ensinar sobre ela? Também que, ao contrário de muitas pessoas na antiguidade, você sabe ler e não depende de outros para fazer isso por você? Como você vai usar o seu privilégio?

MEDITAÇÃO 4[4]

"Então Jesus os conduziu por todos os escritos [...] explicando o que as Escrituras diziam a respeito dele." (Lucas 24:27)

Foi muito proveitosa a viagem dos dois discípulos na estrada para Emaús. Seu companheiro e professor era o melhor; o maior dos intérpretes, em quem estão escondidos todos os tesouros da sabedoria e do conhecimento (Cl 2:3). O Senhor Jesus consentiu em se tornar um pregador do evangelho e não tinha vergonha de exercer Seu chamado diante de apenas duas pessoas. E hoje Ele não se recusa a se tornar professor de apenas um indivíduo. Vamos aproveitar a companhia desse Instrutor tão excelente!

Esse Mestre incomparável usou como livro didático o melhor dos livros. Embora capaz de revelar a verdade atual, Ele preferiu expor o que diziam as antigas Escrituras. Ele sabia qual a maneira mais proveitosa de ensinar e, começando desde o Gênesis até os profetas, mostrou-nos que a estrada mais acertada para a sabedoria não é a especulação, o raciocínio ou a leitura de livros humanos, mas a meditação na Palavra de Deus. A forma mais imediata para ser rico espiritualmente no conhecimento celestial é mergulhar nessa mina de diamantes e coletar as pérolas desse oceano celeste.

Quando o próprio Jesus procurou enriquecer outros, Ele garimpou na pedreira das Escrituras Sagradas. A dupla favorecida foi levada a considerar o melhor dos temas: Jesus falando sobre Jesus, e expondo coisas sobre si mesmo. O Mestre da Casa destranca as Suas próprias portas e conduz os convidados à Sua mesa onde serve Sua própria refeição especial. Ele, que havia escondido o tesouro em Seu próprio campo, guiou os exploradores até onde esse tesouro podia ser achado. Nosso Senhor explicava naturalmente sobre o tópico mais agradável de todos: a Sua pessoa e obra. Tendo isso em vista, deveríamos sempre pesquisar na mina de ouro que é a Palavra. Que possamos aproveitar a graça de estudar a Bíblia com Jesus sendo nosso professor e nossa lição!

[4]Adaptado de Noite, 18 de janeiro.

Oração

Jesus, em primeiro lugar, obrigado por ter nos deixado a Sua Palavra. Porém, reconheço que às vezes tenho dificuldades porque ela é muito malvista entre a maioria de meus professores e amigos. Eu não sei no que devo acreditar e, às vezes, tenho medo de ser rejeitado por crer no que ela diz.

Mas hoje entendi que ela é, na verdade, uma fonte de tesouros que são escondidos das mentes que te rejeitam. Abre a minha mente para compreender o que o Senhor quer me ensinar por meio da Bíblia. Ajude-me a ser um bom aluno, a amar a Sua Palavra e a colocar em prática o que o Senhor me ensinar.

Desafio da semana

> "Quando escrevo, tenho um espelho para a minha alma."

Escolha uma entre as cartas de Paulo, no Novo Testamento, para ser a sua leitura desta semana. Recomendamos que você escolha uma versão bíblica bem fácil de compreender, como a NTLH (Nova Tradução na Linguagem de Hoje), a NVI (Nova Versão Internacional) ou NVT (Nova Versão Transformadora). Leia atentamente e anote tudo, tudo mesmo — inclusive suas dúvidas — em um caderno. Mas não esqueça: comece e termine esse tempo pedindo a ajuda do Espírito Santo para entender o que vai ler.

Depois compartilhe com seu líder na igreja sobre seus achados e dúvidas. Compartilhe com seus amigos aquilo que aprendeu durante esta semana.

Bônus

Se você ainda tem dúvidas de que a Bíblia é a Palavra de Deus, ouça essa série de *podcasts* bem curtinhos que lhe traz *10 razões para crer nas Escrituras*.

CRESCENDO PARA CIMA E PARA BAIXO

Leitura bíblica: Lucas 8:4-8,11-15

Certo dia, uma grande multidão, vinda de várias cidades, juntou-se para ouvir Jesus, e ele lhes contou uma parábola: "Um lavrador saiu para semear. Enquanto espalhava as sementes pelo campo, algumas caíram à beira do caminho, onde foram pisadas, e as aves vieram e as comeram. Outras caíram entre as pedras e começaram a crescer, mas as plantas logo murcharam por falta de umidade. Outras sementes caíram entre os espinhos, que cresceram com elas e sufocaram os brotos. Ainda outras caíram em solo fértil e produziram uma colheita cem vezes maior que a quantidade semeada". Quando ele terminou de dizer isso, declarou: "Quem é capaz de ouvir, ouça com atenção!" [...]

"Este é o significado da parábola: As sementes são a palavra de Deus. As sementes que caíram à beira do caminho representam os que ouvem a mensagem, mas o diabo vem e a arranca do coração deles e os impede de crer e ser salvos. As sementes no solo rochoso representam os que ouvem a mensagem e a recebem com alegria. Uma vez, porém, que não têm raízes profundas, creem apenas por um tempo e depois desanimam quando enfrentam provações. As que caíram entre os espinhos representam outros que ouvem a mensagem, mas logo ela é sufocada pelas preocupações, riquezas e prazeres desta vida, de modo que nunca amadurecem. E as que caíram em solo fértil representam os que, com coração bom e receptivo, ouvem a mensagem, a aceitam e, com paciência, produzem uma grande colheita."

Para você entender

Jesus usava parábolas para se comunicar com o povo. Parábola são pequenas histórias alegóricas que ilustram um princípio moral ou espiritual. Essas histórias que Cristo contava sempre se relacionavam com coisas do dia a dia de Seus ouvintes. Como muitos deles eram agricultores, ou já haviam plantado algo, Ele contou essa parábola sobre um homem lançando sementes que caíam em diversos tipos de terreno.

Embora a maioria de nós nunca tenha plantado nada, vimos em nossas aulas de Biologia a função importante que as raízes têm para as plantas. É a partir das raízes que o caule, as folhas e os frutos se alimentam e crescem. Acontece o mesmo em nossa vida espiritual: se não tivermos raízes firmes na Palavra, nossa vida com Deus vai definhar até morrer.

Perguntas para reflexão

1. Na semana passada vimos o prazer que Jesus tem de nos ensinar a Sua Palavra, por meio do Espírito Santo. Algo mudou em você após ter passado uma semana estudando e anotando o que ia aprendendo com a Bíblia?

2. Para uma planta ser saudável, ela precisa ter raízes profundas e bem alimentadas. Como isso se aplica na vida espiritual? O que significa "firmar nossas raízes na Palavra de Deus"?

3. Jesus sempre usou as coisas do cotidiano das pessoas para lhes ensinar, e isso podia ser feito a qualquer horário do dia. Como você pode deixar sua mente sempre disponível para que Deus lhe traga à memória os textos bíblicos que você leu anteriormente e como eles se aplicam à sua vida em particular?

MEDITAÇÃO 5[5]

"...não têm raízes profundas...". (Lucas 8:13)

Vamos fazer um autoexame hoje. Você recebeu a Palavra de Deus com alegria; ela mexeu com sua emoção e causou uma impressão forte. Mas lembre-se: receber a palavra com os ouvidos é uma coisa, e receber Jesus em sua alma é bem outra. Emoções superficiais normalmente estão ligadas ao endurecimento de coração, ser fortemente impactado pela Palavra nem sempre dura muito.

Na parábola, uma das sementes cai sobre um chão de pedras coberto por uma fina camada de terra. Quando a semente começou a criar raiz, ela esbarrou na pedra dura, e então, a pobre raiz passou a colocar toda a sua força para empurrar o broto verde o mais para o alto possível, mas não tendo umidade interior, vinda do alimento da raiz, a planta secou. É esse o meu caso? Tenho demonstrado uma aparência religiosa (2Tm 3:5) sem ter uma vida interior que corresponda a ela?

O bom crescimento acontece para cima e para baixo ao mesmo tempo. Estou enraizado em sincera fidelidade e amor a Jesus? Se meu coração permanece endurecido e não fertilizado pela graça, a boa semente pode brotar durante uma estação, mas, por fim, secará, pois não pode florescer num coração endurecido, não tocado, não santificado. Que eu sempre tema uma santidade que seja tão rápida no crescimento, quanto carente em resistência. Que pague o preço de ser um seguidor de Jesus e, acima de tudo, que possa sentir a força de Seu Santo Espírito, e então terei uma semente duradoura e resistente em meu coração.

Se minha mente permanece tão endurecida quanto era por natureza, o sol do julgamento vai queimar a planta, e meu duro coração ajudará a aumentar terrivelmente o calor sobre a semente mal coberta. Assim, minha comunhão com Deus logo morrerá, e meu desespero será terrível.

[5] Adaptado de Manhã, 11 de janeiro.

"Entretanto, Semeador celeste, que eu seja arado primeiro, e então, lançada a verdade sobre mim, que eu possa render uma grande colheita."

Oração

Pai celeste, que o meu coração não seja endurecido para as coisas que o Senhor deseja me falar e fazer em minha vida. Que eu não permita que minha mentalidade seja moldada pelos questionamentos que a sociedade, no geral, impõe sobre a Sua pessoa, Sua Palavra e Sua obra no mundo. Que todas as dúvidas que vierem à minha mente sejam solucionadas, a seu tempo, nessa minha caminhada com o Senhor.

Ajude-me a ter um coração sempre flexível às Suas mãos para que o Senhor possa me trazer o crescimento que preciso ter em Cristo Jesus. Amém!

Desafio da semana

Se você tem um caderno ou diário onde anota o que aprende com Deus, escreva lá como foi o dia de seu encontro com Jesus que o levou à salvação e os efeitos que isso trouxe à sua vida. É muito importante ter isso registrado para que você lembre-se sempre de como foi o começo de sua caminhada com Deus.

> "Quando escrevo, tenho um espelho para a minha alma.

Você não lembra o dia ou a época do ano em que isso aconteceu, há uma boa probabilidade de você ainda não ter decidido firmar suas raízes em Deus. Que tal fazer isso agora?

Bônus

Assista a este vídeo para ver a parábola do semeador ilustrada. Nele você verá algumas boas explicações com relação ao contexto cultural da época, podendo entender melhor essa história.

VÁ NA DIREÇÃO CERTA...

Leitura bíblica: 2 Samuel 5:17-25

Quando os filisteus souberam que Davi tinha sido ungido rei de Israel, mobilizaram suas tropas para capturá-lo. Davi, porém, foi informado disso e desceu para a fortaleza. Os filisteus chegaram e se espalharam pelo vale de Refaim. Então Davi perguntou ao SENHOR: "Devo sair e lutar contra os filisteus? Tu os entregarás em minhas mãos?". O SENHOR respondeu a Davi: "Sim, vá, pois eu certamente os entregarei em suas mãos".

Então Davi foi a Baal-Perazim e ali derrotou os filisteus, e exclamou: "O SENHOR irrompeu no meio de meus inimigos como uma violenta inundação!". Por isso, chamou aquele lugar de Baal-Perazim. Davi e seus homens levaram os ídolos que os filisteus haviam abandonado ali.

Pouco tempo depois, os filisteus voltaram a se espalhar pelo vale de Refaim. Mais uma vez, Davi consultou o SENHOR. "Não os ataque pela frente", respondeu o SENHOR. "Em vez disso, dê a volta por trás deles e ataque-os perto dos álamos. Quando ouvir um som como de pés marchando por cima dos álamos, ataque! É o sinal de que o SENHOR vai à sua frente para derrotar o exército filisteu." Davi fez como o SENHOR ordenou e derrotou os filisteus por todo o caminho, desde Gibeom até Gezer.

Para você entender

Na meditação de hoje, Spurgeon vai mencionar a "providência divina". Mas o que é isso? A providência divina é a capacidade que Deus tem, como Criador, de controlar e governar todas as coisas, desde os elementos da natureza até a vida do homem.

Isso quer dizer que o ser humano não tem liberdade de escolha? Não é isso que a Bíblia afirma, com certeza! Mas Deus, em Sua providência, nos capacita a escolhermos bem dentro das opções que temos. Deus domina até mesmo sobre as consequências de nossas decisões e, como um Pai bom, Ele não nos protege de aprender com nossos erros. Para fazermos boas escolhas, precisamos depender do Senhor e das Suas orientações sempre, e não apenas de vez em quando.

Perguntas para reflexão

1. O povo de Israel no deserto tinha a nuvem de Deus para os guiar durante o dia e a coluna de fogo para os orientar durante a noite (Êxodo 13:21). Mas, mesmo assim, tomaram muitas decisões erradas durante o caminho e isso resultou em tragédias para todos. Conhecendo essa história, você acredita que é possível saber a vontade de Deus e ainda assim ir contra ela? O que se espera quando isso acontece?

2. Davi era rei e guerreiro por "profissão", isto é, ele tinha tanto o conhecimento quanto a capacidade de cumprir seu trabalho. No entanto, ainda assim, Ele consultava a Deus sobre suas decisões "profissionais". Você acha que ter conhecimento e habilidade é suficiente para você cumprir o papel que Deus lhe deu para sua vida? Como você pode depender de Deus?

3. Para depender de Deus algumas coisas são necessárias. Entre as principais estão: confiança nele, humildade e submissão. Você está pronto para entregar o controle da sua vida totalmente ao Senhor?

MEDITAÇÃO 6[6]

"...Davi consultou o SENHOR."

(2 Samuel 5:23)

Quando Davi fez esta segunda consulta a Deus, ele tinha acabado de lutar contra os filisteus e recebido a vitória. Os filisteus chegaram com grandes exércitos, mas, com a ajuda de Deus, Davi os tinha afugentado facilmente.

Observe, entretanto que, quando eles vieram pela segunda vez, Davi não foi lutar sem se aconselhar com o Senhor. Como ele havia vencido anteriormente, poderia ter dito: "Serei vitorioso novamente; posso ficar bem tranquilo porque, se consegui uma vez, triunfarei de novo. Assim sendo, devo me deter em ficar procurando a vontade de Deus?". Não era desse modo que Davi agia. Ele tinha vencido uma batalha pela força do Senhor; não se aventuraria em outra até estar seguro. Perguntou: "Devo me levantar contra eles?" e esperou até que o sinal de Deus fosse dado.

Aprenda com Davi a não dar nenhum passo sem Deus. Jovem, se você quiser conhecer o caminho do dever, tome Deus como bússola. Se quiser atravessar com seu barco pelas ondas sombrias dessa vida, coloque o leme nas mãos do Todo-Poderoso. Escaparemos de muitos recifes e rochas se deixarmos nosso Pai assumir a direção, se deixarmos Sua soberana vontade escolher e comandar. Alguém já disse: "Aquele que segue antes da nuvem da providência divina, vai numa missão de tolo", e é isso mesmo! Precisamos deixar a providência de Deus nos conduzir; e se a providência demorar, espere até ela chegar. Aquele que caminha sob a providência, ficará feliz em voltar a correr. "Eu o guiarei pelo melhor caminho para sua vida, lhe darei conselhos e cuidarei de você" (Sl 32:8) é a promessa de Deus ao Seu povo. Levemos, então, todas as nossas indecisões para Ele e digamos: "Pai, o que o Senhor quer que eu faça?". Não saia de seu quarto sem consultar o Senhor.

[6]Adaptado de Manhã, 9 de fevereiro.

Oração

Pai amado, obrigado porque o Senhor tem essa providência que nos orienta em nossas decisões. Às vezes eu fico confuso, outras vezes com medo e também já achei que sabia muito na hora de decidir. Ajude-me a depender do Senhor e, depois de ter recebido a Sua orientação, não temer dar os passos certos.

Não permita que nada me desencoraje a cumprir a Sua vontade para mim. Nem mesmo o julgamento dos outros. Amém!

Desafio da semana

Você já baixou o aplicativo *The Chosen* e assistiu essa série que fala sobre Jesus? Gostaríamos de incentivá-lo a começar a acompanhar essas histórias a partir desta semana. Você vai ver Jesus representado de uma maneira muito próxima e calorosa com aqueles que o cercavam.

> “Quando escrevo, tenho um espelho para a minha alma.”

Bônus

Assista a este vídeo e veja a história de alguém que achou que tinha todas as ferramentas necessárias para tomar boas decisões, mas que descobriu que estava enganado.

UMA NECESSIDADE VITAL

Leitura bíblica: Mateus 6:5-8

Quando vocês orarem, não sejam como os hipócritas, que gostam de orar em público nas sinagogas e nas esquinas, onde todos possam vê-los. Eu lhes digo a verdade: eles não receberão outra recompensa além dessa. Mas, quando orarem, cada um vá para seu quarto, feche a porta e ore a seu Pai, em segredo. Então seu Pai, que observa em segredo, os recompensará.

Ao orar, não repitam frases vazias sem parar, como fazem os gentios. Eles acham que, se repetirem as palavras várias vezes, suas orações serão respondidas. Não sejam como eles, pois seu Pai sabe exatamente do que vocês precisam antes mesmo de pedirem.

Para você saber

Todo mundo parece ter uma ideia do que é a oração. Mas será que todos esses conceitos estão certos? O *Novo Dicionário da Bíblia* (Vida Nova, 1991, v.2) define a oração assim: "Na Bíblia, a oração é uma adoração que inclui todas as atitudes do espírito humano em sua aproximação de Deus. [...] Essa, a mais alta atividade da qual o espírito humano é capaz, também pode ser considerada como comunhão com Deus se a ênfase devida for colocada sobre a iniciativa divina" (p. 1146).

Resumindo: não há nada mais importante para a vida espiritual do que esse contato com Deus por meio da oração. É a partir dela que as demais disciplinas espirituais se desenvolvem. E, como diz a nossa definição, a iniciativa dessa comunhão partiu de Deus. Ele nos deu autorização para nos aproximarmos dele, apesar de nosso pecado, quando veio a nosso encontro para nos resgatar.

Perguntas para reflexão

1. Pense na pessoa que você mais gosta — pode ser seus pais, um irmão ou irmã, um amigo ou amiga, namorado ou namorada, quem você quiser. Por que você gosta de estar com essa pessoa? Quanto tempo consegue ficar sem se comunicar com ela? Quanto você gosta de Deus? Quanto tempo investe para estar com Ele?

2. Quando você ora, sente-se livre para falar com Deus exatamente o que está em seu coração ou teme dizer algo que não seja "aceitável" diante dele?

3. Leia a passagem bíblica acima. Baseado nela, por que você deve orar se Deus sabe exatamente o que você precisa e o que vai dizer?

MEDITAÇÃO 7[7]

"...Dediquem-se à oração com a mente alerta...".

(Colossenses 4:2)

É interessante observar como é grande a porção das Escrituras Sagradas que fala da oração, seja fornecendo exemplos, reforçando princípios ou anunciando promessas. Mal abrimos a Bíblia, lemos: "Nessa época, as pessoas começaram a invocar o nome do SENHOR" (Gn 4:26) e, quando estamos prestes a fechá-la, o "amém" de um pedido fervoroso chega aos nossos ouvidos (Ap 22:20). São vários os casos.

Aqui encontramos um Jacó em conflito, ali um Daniel que orava três vezes ao dia, e um Davi que, do fundo do seu coração, clamava por seu Deus. Na montanha vemos Elias; na masmorra, Paulo e Silas. Temos uma multidão de mandamentos e uma infinidade de promessas.

O que isto nos ensina além da importância e da necessidade da oração? Podemos ter certeza de que tudo o que Deus destacou em Sua Palavra, Ele pretende que seja observado em nossa vida. Se o Senhor falou tanto sobre a oração, é porque sabe o quanto precisamos dela. Nossa necessidade é tão profunda que, até chegarmos à eternidade celestial, não devemos parar de orar.

Você não quer nada? Então, temo que não tenha consciência de sua pobreza. Não há alguma misericórdia para você pedir a Deus? Então, que a misericórdia do Senhor lhe mostre o quanto você é necessitado sem Ele! Uma alma sem oração é uma alma sem Cristo. A oração é a respiração, a palavra de ordem, o conforto, a força e a honra do cristão. Se você é um filho de Deus, irá procurar a face do Pai e viver em Seu amor.

Ore para que você seja santo, humilde, zeloso e paciente; para que tenha uma comunhão íntima e direta com Cristo e que participe com mais frequência do banquete de Seu amor. Ore para ser um exemplo e

[7]Adaptado de Manhã, 2 de janeiro.

uma bênção aos outros, e para que possa viver mais para a glória de seu Mestre. O lema para sua vida deveria ser: "Dedique-se à oração".

Oração

Querido Deus, obrigado por me dar essa chance de orar ao Senhor, apesar de todas as minhas falhas e pecados. Sei que, muitas vezes, eu não valorizo essa oportunidade de chegar livremente para falar com a Pessoa mais importante do Universo, e que me ama incondicionalmente.

Por favor, me ajude a amá-lo mais e a ter prazer em estar em Sua presença. Ajude-me a ser sincero com as minhas palavras ao Senhor e a não ficar tentando impressionar falando coisas que não são verdade em meu coração. Faça de mim uma pessoa sincera e submissa ao Senhor.

Desafio da semana

A oração existe não para que Deus seja informado das suas necessidades, mas para que você comunique a Deus o quanto depende dele. Por isso, o nosso desafio desta semana é que você faça duas listas: a primeira de motivos de agradecimento; a segunda de intercessão. Veja não somente as suas necessidades, mas as necessidades de quem o rodeia, anote e ore por isso uma vez por dia.

> "Quando escrevo, tenho um espelho para a minha alma."

Que tal perguntar em suas mídias sociais se alguém tem algum pedido de oração?

Bônus

Se você tem dificuldade com a oração, se não entende o que Deus espera de você, recomendamos que você assista à palestra gratuita *Aprendendo a orar*, da Universidade Cristã Pão Diário.

ELE É O MEU DEUS

Leitura bíblica: Jeremias 32:38-41

Eles serão o meu povo, e eu serei o seu Deus. Eu lhes darei um só coração e um só propósito: adorar-me para sempre, para o seu próprio bem e para o bem de seus descendentes. Estabelecerei com eles uma aliança permanente: jamais deixarei de lhes fazer o bem. Porei em seu coração o desejo de me adorar, e eles nunca se afastarão de mim. Terei alegria em lhes fazer o bem e os plantarei nesta terra firmemente, de todo o coração.

Para você saber

Deus não deseja apenas que nós pertençamos a Ele. Pelo contrário, o Senhor também quer ser nosso. O tipo de relação que Ele escolheu para que tenhamos é de pertencimento mútuo, um compromisso em que ambas as partes têm direitos e deveres. Nossa parte nesse relacionamento com o Senhor é dependermos dele e nos submetermos a Cristo e à Aliança (um tipo de contrato que Deus assinou com o sangue de Seu próprio Filho). "Agora, se me obedecerem e cumprirem minha aliança, serão meu tesouro especial dentre todos os povos da terra, pois toda a terra me pertence" (Êx 19:5).

A parte de Deus é nos suprir de todo o bem que Ele nos promete em Sua Palavra. O próprio Jesus nos avisou de que tempos ruins viriam enquanto vivêssemos neste mundo, mas prometeu que Ele não nos abandonaria nesses períodos difíceis (Jo 16:33). Quantas promessas do Senhor você conhece? Todas elas são suas se você cumprir a sua parte da aliança.

Perguntas para reflexão

1. Qual sua primeira atitude quando algo de ruim acontece em sua vida? Você se desespera ou se recolhe em sua "caverna" pessoal com medo de encarar a dificuldade?

2. Onde você tem buscado conselho quando se sente confuso quanto às suas escolhas? Você acha que a Bíblia pode ajudar na orientação sobre as suas decisões de que forma?

3. Você se sente íntimo o suficiente de Deus para dizer que Ele é seu? Se não, por quê?

MEDITAÇÃO 8[8]

"...Deus, o nosso Deus...".

(Salmo 67:6)

É estranho que desfrutemos pouco das bênçãos espirituais que Deus nos dá, mas é ainda mais estranho que desfrutemos pouco do próprio Deus. Embora Ele seja "o nosso Deus", nos dedicamos pouco a Ele e pedimos pouco dele.

Como é raro pedirmos conselhos ao Senhor! Com que frequência tratamos nossos assuntos sem buscar Sua orientação! Em nossos problemas, quantas vezes nos esforçamos para suportar nossos fardos sozinhos, em vez de lançá-los sobre o Senhor, para que Ele possa nos amparar! Isso não acontece porque não tenhamos recebido permissão dele para tanto, pois Deus parece dizer: "Eu sou seu, filho, venha e desfrute de mim; você é livre para vir ao meu estoque e, quanto mais vier, mais será bem-vindo".

O erro é nosso se não aproveitarmos livremente das riquezas de nosso Deus. Então, já que você tem esse Amigo e Ele o convida, obtenha dele aquilo de que precisa diariamente. Nunca passe necessidade enquanto tem um Deus a quem pode se achegar; jamais tema ou fraqueje enquanto tem o Senhor para ajudá-lo. Vá ao Seu tesouro e pegue o que precisar — lá há tudo de que você necessita. Aprenda a habilidade de fazer de Deus tudo para você. Ele pode supri-lo em tudo ou, melhor ainda, Ele pode ser tudo para você.

Então corra para se beneficiar desse Deus. Sinta-o bem perto em oração. Vá a Ele com frequência, porque Ele é o seu Deus. Você deixará de usar tão grande privilégio? Corra para Ele, conte para o Senhor todas as suas necessidades. Alegre-se constantemente nele, pela fé, em todas as ocasiões. Se alguma situação sombria lhe trouxer nuvens, faça de Deus o seu "sol;" se algum inimigo forte o atacar, encontre em Jeová um "escudo", pois Ele é sol e escudo para o Seu povo (Sl 84:11). Se perder seu caminho nos labirintos da vida, faça dele o seu "guia", porque Ele é o único que vai lhe dar a direção certa.

[8]Adaptado de Manhã, 27 de abril.

Seja lá o que fizer e onde estiver, lembre-se de que Deus é exatamente o que você precisa, e o lugar que você precisa, e que Ele pode fazer tudo de que você necessita.

Oração

Deus, eu agradeço por poder estar em um relacionamento mútuo com o Senhor. Sei o que o Pai espera de mim: que eu faça do Senhor o meu tudo. Mas, muitas vezes, lembro de recorrer a Deus somente quando eu não tenho mais para onde correr.

Mude isso na minha vida e faça que, sempre que eu precisar de orientação, suprimento, atenção ou qualquer outra coisa, eu vá buscar no Seu tesouro que nunca acaba. Amém!

Desafio da semana

Escreva uma carta para Deus contando exatamente como você tem se sentido ultimamente. Faça uma lista das coisas que você acredita que precisa, mas não coloque apenas coisas materiais. Liste também o que você precisa que mude em seu coração: precisa perdoar alguém, precisa aprender a esperar com paciência, precisa aprender a se alegrar com o que tem, precisa ser mais humilde, precisa aprender a se respeitar mais etc. Entregue isso para Ele em oração, com fé, e espere a resposta de Deus porque ela virá no melhor tempo para você.

> **"Quando escrevo, tenho um espelho para a minha alma."**

Saiba que há coisas que precisarão de tempo para serem transformadas. Mantenha-se positivo porque Deus é rico em bênçãos!

Bônus

Ouça o que esta música menciona sobre os atributos do Senhor e lembre-se: este é o Deus que deseja ser o seu Deus.

DEUS TUDO SABE, TUDO VÊ

Leitura Bíblica: Salmo 139:1-18

Ó SENHOR, tu examinas meu coração e conheces tudo a meu respeito. Sabes quando me sento e quando me levanto; mesmo de longe, conheces meus pensamentos. Tu me vês quando viajo e quando descanso; sabes tudo que faço. Antes mesmo de eu falar, SENHOR, sabes o que vou dizer. Vais adiante de mim e me segues; pões sobre mim a tua mão.

Esse conhecimento é maravilhoso demais para mim; é grande demais para eu compreender! É impossível escapar do teu Espírito; não há como fugir da tua presença. Se subo aos céus, lá estás; se desço ao mundo dos mortos, lá estás também. Se eu tomar as asas do amanhecer, se habitar do outro lado do oceano, mesmo ali tua mão me guiará, e tua força me sustentará. Eu poderia pedir à escuridão que me escondesse, e à luz ao meu redor que se tornasse noite, mas nem mesmo na escuridão posso me esconder de ti. Para ti, a noite é tão clara como o dia; escuridão e luz são a mesma coisa.

Tu formaste o meu interior e me teceste no ventre de minha mãe. Eu te agradeço por me teres feito de modo tão extraordinário; tuas obras são maravilhosas, e disso eu sei muito bem. Tu me observavas quando eu estava sendo formado em segredo, enquanto eu era tecido na escuridão. Tu me viste quando eu ainda estava no ventre; cada dia de minha vida estava registrado em teu livro, cada momento foi estabelecido quando ainda nenhum deles existia.

Como são preciosos os teus pensamentos a meu respeito, ó Deus; é impossível enumerá-los! Não sou capaz de contá-los; são mais numerosos que os grãos de areia. E, quando acordo, tu ainda estás comigo.

Para você saber

O conceito da onisciência de Deus afirma que Ele sabe tudo. Não apenas o que aconteceu no passado ou o que está acontecendo no presente, mas Ele também tem conhecimento pleno e perfeito do futuro. Trazendo isso para algo mais pessoal, o Senhor conhece nossos sentimentos secretos e nossos pensamentos. Conhece nossas necessidades e o que nos alegra.

Ele viu cada detalhe da sua vida, desde a sua concepção até o dia de hoje. Você foi planejado por Deus! Todas as suas lágrimas e sorrisos estão registrados diante dele, e Ele esteve ao seu lado todo este tempo, mesmo que muitas vezes pudesse parecer ausente. E mais... sabe o seu futuro? Deus já está lá, pronto a ajudá-lo e a se alegrar com você. O que Deus mais deseja é que você entregue para Ele a sua história e deixe que Ele escreva o seu futuro a partir dessa decisão de entrega. Você vai confiar nele?

Perguntas para reflexão

1. Como você se sente quando pensa que Deus sabe de tudo? Feliz? Seguro? Com medo? Revoltado?

2. Entendendo que Deus conhece cada uma das suas experiências passadas, desde as mais dolorosas até as mais felizes, e sabe, inclusive, como você se sentiu diante delas, você teria coragem de abrir seu coração para o Senhor agora contando sobre a sua vida e entregar a Ele seus sentimentos? Por mais que Ele saiba de tudo, Deus deseja ouvir de você porque isso faz bem para você.

3. Você consegue entender que Deus desejou que você nascesse e que Ele te ama exatamente como você é? Esse conhecimento muda alguma coisa sobre o entendimento que você tem acerca de seu valor como pessoa? Por quê?

MEDITAÇÃO 9[9]

"Como são preciosos os teus pensamentos a meu respeito, ó Deus...".

(Salmo 139:17)

A onisciência divina não oferece consolo algum à mente de quem não serve a Deus, mas aos Seus filhos, ela transborda de consolação. Deus sempre está pensando em nós, nunca desvia Sua mente de nós, pois estamos sempre sob Seu olhar; e isso é precisamente o que necessitamos porque seria terrível existir, por um momento só que fosse, fora da observação de nosso Pai Celeste. Seus pensamentos são sempre ternos, amorosos, sábios, prudentes, grandiosos e nos trazem incontáveis benefícios: portanto é uma deliciosa escolha nos lembrarmos deles. O Senhor sempre pensou em Seu povo: daí Sua escolha e a aliança de graça pela qual Sua salvação está assegurada. Ele sempre pensará neles: por isso podemos ter a certeza da perseverança final pela qual deveremos ser levados em segurança para o Seu descanso eterno.

Em todas as nossas andanças, o olhar vigilante do Observador Eterno está sempre fixo em nós — nunca pastamos longe do olhar do Pastor. Em nossas aflições, Ele nos observa incessantemente, e nem uma dor lhe escapa; em nossas lutas, Ele anota todo o nosso cansaço e escreve em Seu livro todas as batalhas de Seus fiéis. Esses pensamentos do Senhor nos envolvem em todos os nossos caminhos e penetram na região mais profunda de nosso ser. Nem um nervo ou tecido, válvula ou vaso de nosso corpo deixa de receber Seu cuidado; todas as pequenas coisas de nosso pequeno mundo são pensadas pelo grande Deus.

Isso é precioso para você? Então, segure-se nisso. Nunca seja levado por aqueles filósofos tolos que pregam um Deus impessoal e falam de autoexistência (que não dependemos de ninguém fora de nós para existir) e autogovernança (que somos os únicos responsáveis por nosso destino). O Senhor vive e pensa em nós, essa é uma verdade que é preciosa demais

[9]Adaptado de Noite, 30 de abril.

para ser levianamente roubada. Quando alguém da realeza nos dá atenção, nós a valorizamos tanto quanto um tesouro. Imagine então o que é estar no pensamento do Rei dos reis! Se o Senhor pensa em nós, tudo está bem e podemos nos alegrar para sempre.

Oração

Pai querido, a Sua Palavra afirma que o Senhor me tem sempre em Seus pensamentos. Devo confessar que, às vezes, penso que o Senhor não está tão interessado em mim. As situações ruins acontecem e nem sempre vejo a Sua justiça ou o Seu cuidado quando desejo. Mas me ajude a esperar pelo Seu tempo e a confiar no Seu interesse. Ajude-me a ter o Senhor também sempre em meus pensamentos para que isso me traga confiança e paz. Amém!

Desafio da semana

Agradeça a Deus todas as manhãs, quando acordar, e todas as noites, antes de ir dormir, pelo Seu cuidado e generosidade. Leia Romanos 8:31-39 todas as noites nos próximos sete dias. Medite nessa palavra e deixe que ela transforme seu modo de ver a onisciência e o amor de Deus por você.

Ore em especial por algum amigo que precisa conhecer esse amor especial do Senhor.

> “Quando escrevo, tenho um espelho para a minha alma.”

Bônus

Ouça essa versão cantada do Salmo 139 e procure decorá-la nos próximos dias. A música é um método excelente de memorização das Escrituras. Você também pode procurá-la em sua plataforma de *streaming* de músicas e acrescentá-la à sua *playlist*.

Parte 2

Meus relacionamentos interpessoais

Certa vez, um especialista na Lei do Antigo Testamento se aproximou de Jesus com uma pergunta para ver se o pegava em alguma contradição. "Mestre, qual é o mandamento mais importante da lei de Moisés?" (Mt 22:36). Talvez você já conheça a resposta de Jesus. Ele não fala apenas de um, mas de dois mandamentos que resumem toda a Lei: "'Ame o Senhor, seu Deus, de todo o seu coração, de toda a sua alma e de toda a sua mente'. Este é o primeiro e o maior mandamento. O segundo é igualmente importante: 'Ame o seu próximo como a si mesmo'" (vv.37-39). Ou seja, Jesus resumiu tudo no amor. Primeiramente a Deus, e depois ao próximo.

Mas por que amar meu semelhante é tão importante? Porque nos ajuda a nos libertar de nosso egoísmo e egocentrismo, que são características muito evidentes em todo pecador, isto é, em todos nós. Deus é generoso: Ele dá, Ele ouve, Ele atende, Ele caminha conosco; e Ele deseja que façamos o mesmo com quem nos cerca, como forma de evidenciar que somos Seus filhos.

Sabemos que não é fácil amar a todos igualmente. Nem é necessário que seja assim. Sempre teremos as pessoas mais próximas, que serão prioridade em nossa vida. No entanto, isso não deve eliminar o amor a todos os demais, inclusive a nossos inimigos. Leia Mateus 5:43-48 e veja por que Jesus ordenou que fizéssemos assim. O apóstolo João disse: "Se alguém afirma: 'Amo a Deus', mas odeia seu irmão, é mentiroso, pois se não amamos nosso irmão, a quem vemos, como amaremos a Deus, a quem não vemos?" (1Jo 4:20).

Esse tipo de amor não nasce do dia para a noite. Ele precisa ser aprendido, e o segredo para o aprendizado é caminhar perto de Deus, que é amor (1Jo 4:16-17). Amar sempre vai exigir renúncias de nossa parte, e para amarmos o próximo precisamos desejar renunciar a algumas coisas que as pessoas dizem ser muito importantes: visibilidade, nosso tempo individual, bens materiais, direitos, nossa imagem, a aprovação de todos etc. Mas, lembre-se: Jesus abriu mão de muito mais do que isso para vir abrir o caminho direto ao Deus Pai.

Você deseja começar a trilhar esse caminho, por mais que ele exija de sua parte? Nas próximas meditações vamos mergulhar um pouco mais fundo nesse oceano do amor ao próximo como a nós mesmos. Então, pegue todo seu equipamento para esse mergulho — a Bíblia, um caderno e muita disposição para pensar sem preconceitos — e participemos dessa aventura!

AMOR QUE NÃO BUSCA RETRIBUIÇÃO

Leitura Bíblica: Mateus 7:12

Em todas as coisas façam aos outros o que vocês desejam que eles lhes façam. Essa é a essência de tudo que ensinam a lei e os profetas.

Para você entender

Normalmente nos unimos a grupos de pessoas que têm algo em comum conosco: gostos, *status* social, aparência, raça, religião, escolaridade... e não damos muito espaço para novos membros. Achamos muito mais fácil nos relacionar com quem pensa como nós ou tem aparência semelhante à nossa. Mas isso é preconceito!

Podemos ser mais abençoados e abençoadores quando abrimos espaço para nos relacionar com quem é diferente. Jesus andou com muito "rejeitados" da sociedade. E essa rejeição era motivada por muitos fatores. Porém, Ele os trouxe para junto de si, a fim de que eles se sentissem amados e, assim, pudessem mudar de vida e comportamento. Jesus não foi influenciado pelo pensamento deles (na verdade, muitas vezes os repreendeu), mas mostrava o caminho certo com amor e paciência.

Perguntas para reflexão

1. Temos níveis diferentes de relacionamento com as pessoas. E está tudo bem com isso, desde que não tenhamos desprezo por ninguém! Mas qual o padrão que temos usado para escolher com quem vamos nos relacionar? Você conseguiria admitir que muitos de seus padrões são baseados em preconceitos não fundamentados?

2. Há algumas pessoas de quem não podemos ser próximos pelo perigo que algumas práticas delas representam para a sociedade. Como podemos demonstrar amor a essas pessoas, mesmo não estando perto delas?

3. Honestamente, quando você faz o bem a seu próximo, o que você espera dele? E, se ele não tiver condições de lhe retribuir o que você fez, ainda assim o abençoaria?

MEDITAÇÃO 10[10]

"...Ame o seu próximo...".

(Mateus 5:43)

A*me o seu próximo*. Talvez ele nade em riquezas e você seja pobre e, vivendo em sua casinha humilde ao lado da mansão imponente dele, veja todos os dias suas posses, suas roupas chiques e suas festas grandiosas. Deus concedeu a ele esses presentes, não cobice sua riqueza e não tenha pensamentos ruins sobre ele. Seja satisfeito com o que você tem; se não puder ter mais e melhor, não olhe para o seu próximo desejando que ele seja como você. Ame-o, e então, não o invejará.

Talvez, por outro lado, você seja rico e perto de você morem os pobres. Não deixe de chamá-los de seus próximos. Você deve amá-los. O mundo os chama de inferiores. São inferiores em quê? São muito mais parecidos a você do que imagina, pois Deus "de um só homem criou todas as nações da terra, tendo decidido de antemão onde se estabeleceriam e por quanto tempo" (At 17:26). Seu casaco é melhor do que o deles, mas isso não significa que você seja melhor. São seres humanos, e o que você é mais do que isso? Esteja atento em amar seu próximo, mesmo que ele esteja coberto de trapos ou mergulhado em profunda pobreza.

Mas talvez você diga: "Não posso amar meu próximo porque, apesar de tudo o que faço, ele me retribui com ingratidão e menosprezo". Se for assim, há ainda mais espaço para o heroísmo do amor. Como pode ser chamado de guerreiro aquele que decide ficar em sua cama aconchegante, em vez de ir à batalha do amor? Quem ousar mais, ganhará mais; e se o seu caminho de amor for difícil, trilhe-o ousadamente ainda assim. Ame a seu próximo quer ele lhe faça o bem ou o mal. Acumule brasas vivas sobre sua cabeça (Rm 12:20) e, se ele for difícil de ser agradado, não faça as coisas para o agradar, mas para agradar o seu Mestre.

[10]Adaptado de Manhã, 12 de março.

Lembre-se de que, se seu próximo desprezar o seu amor, o seu Mestre não o desprezará, e sua obra será tão aceitável a Jesus como se tivesse sido aceita por seu próximo. Ame seu próximo, pois ao fazer isso, estará seguindo as pegadas de Cristo.

Oração

Pai de amor, como é bom ser amado e cuidado pelo Senhor! Sei que o Senhor espera que eu faça o mesmo para meu próximo, mas isso nem sempre é fácil. Às vezes preciso me esforçar mais para amar algumas pessoas que são tão indiferentes, desagradáveis ou ingratas a mim. Ajude-me a ser agradável com eles mesmo que eles não me retribuam da mesma forma, porque sei que, do Senhor, sempre receberei recompensa.

Desafio da semana

Esse exercício pode lhe trazer alguma dor, mas seja corajoso, para seu bem e para o bem de seu próximo. Lembre-se das pessoas que já o ofenderam ou rejeitaram, especialmente por você ser cristão. Ore para que Deus o ajude a perdoá-los e a amá-los a ponto de orar pela conversão deles. A cura da mágoa em seu coração tomará algum tempo, mas esse processo precisa começar com a sua disposição de passar por ele.

> “Quando escrevo, tenho um espelho para a minha alma.”

Bônus

Assista a este vídeo do devocional e veja que há formas bem simples de demonstrar amor ao próximo...

BONS COMPANHEIROS DE JORNADA

Leitura bíblica: Colossenses 3:16-17

Que a mensagem a respeito de Cristo, em toda a sua riqueza, preencha a vida de vocês. Ensinem e aconselhem uns aos outros com toda a sabedoria. Cantem a Deus salmos, hinos e cânticos espirituais com o coração agradecido. E tudo que fizerem ou disserem, façam em nome do Senhor Jesus, dando graças a Deus, o Pai, por meio dele.

Para você entender

Ao contrário do que alguns afirmam, não é possível ser um cristão que caminha sozinho. Deus nos escolheu para sermos "...povo escolhido, reino de sacerdotes, nação santa..." (1Pe 2:9), o que enfatiza a coletividade. Paulo compara os cristãos ao corpo humano, em que cada parte tem a sua função (1Co 12:14-27). A carta aos Hebreus é bem específica quando fala da importância da reunião entre irmãos de fé para encorajamento mútuo (10:25). Assim sendo, jamais devemos escolher a solidão se desejamos servir a Deus do modo como Ele planejou.

Na meditação de hoje, Spurgeon menciona as cidades-refúgio, que era para onde deveriam fugir todos os que tivessem matado alguém acidentalmente, a fim de escapar do vingador da família da vítima (Nm 35:9-12). Com isso ele quer dizer que, tendo em Cristo o nosso refúgio, temos que pôr em prática os bons conselhos de nossos amigos cristãos para escapar do diabo que está sempre ao nosso redor, procurando nos derrubar (1Pe 5:8).

Perguntas para reflexão

1. Sabemos que temos o dever de amar nosso próximo, independentemente de quem ele seja. Mas quem são seus melhores amigos? O que faz dessas pessoas as mais queridas para você?

2. Você já estudou a Bíblia e orou com os seus melhores amigos? Como foi essa experiência? Quais conselhos deles o fortaleceram diante de uma dificuldade ou o estimularam diante do desânimo?

3. Dizem que os amigos são os irmãos a quem escolhemos. E quando nossos melhores amigos pertencem à família da fé, eles são realmente irmãos pelo sangue de Cristo. O que isso muda na sua forma de ver seu relacionamento com seus amigos cristãos?

MEDITAÇÃO 11[11]

"...não durmam como os outros...".

(1 Tessalonicenses 5:6)

Há muitas formas de promover a vigilância cristã. Entre outras coisas, aconselho os cristãos a conversarem vivamente sobre os caminhos do Senhor. "Cristão e Esperançoso" [N.E.: No livro *O Peregrino*, de John Bunyan (Publicações Pão Diário, 2021, p. 236)], em sua jornada para a Cidade Celestial, disseram entre si:

"—Agora, para não adormecermos neste lugar, tenhamos um bom debate. Cristão perguntou:

—Por onde começamos?

E Esperançoso respondeu:

—Iniciemos por onde Deus começou conosco.

Então Cristão cantou este cântico —

Aproximem-se, santos em sonolência,
E ouçam destes dois peregrinos a sapiência;
Que eles possam aprender doravante,
A terem abertos seus olhos toscanejantes.
A companhia dos santos, se bem administrada for,
Mantém-nos despertos, apesar do inferno o pavor."

Cristãos que se isolam e seguem sozinhos estão muito sujeitos à sonolência. Siga em companhia de bons filhos de Deus e com eles você se manterá acordado, será renovado e encorajado a progredir mais rapidamente na estrada para o Céu. Mas quando receber o conselho dos outros nos caminhos de Deus, tenha o cuidado para que o tema de sua conversa seja o Senhor Jesus. Que os olhos da fé estejam constantemente voltados para Ele; que seu coração esteja repleto dele; que seus lábios falem de Seu

[11]Adaptado de Manhã, 5 de março.

valor. Viva próximo à cruz e você não dormirá. Trabalhe para impressionar a si mesmo com um profundo sentido do valor do lugar para onde está indo. Se você se lembrar de que está indo para o Céu, não dormirá no caminho. Se pensar que o inferno está atrás de você e que o diabo o está perseguindo, não andará lentamente. Será que o culpado dorme com o vingador de sangue em seu encalço e a cidade de refúgio à sua frente? Você dormirá enquanto os portões celestiais, feitos de ouro, estão abertos, enquanto os anjos esperam que você se junte a eles nos cânticos, enquanto uma coroa de ouro está pronta para a sua cabeça? Ah, não! Continue a vigiar e orar em comunhão santa para não cair em tentação.

Oração

Pai de amor, Pai de uma grande família, me ajude a encontrar bons amigos cristãos que tenham o temor do Senhor no coração, para que possamos apoiar uns aos outros a nos firmar na fé. Há muitos para zombarem de nós, mas nos ajude a não nos importarmos com isso. Pelo contrário, que possamos orar pela conversão deles também. Amém!

Desafio da semana

Lembre-se de um bom colega de classe ou da igreja que é legal com você e te traz bons conselhos quando você precisa. Ore por ele e depois envie uma mensagem com uma palavra de apreciação por sua amizade.

> "Quando escrevo, tenho um espelho para a minha alma."

Bônus

Ouça o *podcast* nº 4 desta lista e veja como você também pode ajudar seus amigos a crescer e melhorar.

ESTENDENDO A MÃO AO NECESSITADO

Leitura bíblica: 2 Coríntios 8:1-5,13-14

Agora, irmãos, queremos que saibam o que Deus, em sua graça, tem feito por meio das igrejas da Macedônia. Elas têm sido provadas com muitas aflições, mas sua grande alegria e extrema pobreza transbordaram em rica generosidade. Posso testemunhar que deram não apenas o que podiam, mas muito além disso, e o fizeram por iniciativa própria. Eles nos suplicaram repetidamente o privilégio de participar da oferta ao povo santo. Fizeram até mais do que esperávamos, pois seu primeiro passo foi entregar-se ao Senhor e a nós, como era desejo de Deus. [...] Não que sua contribuição deva facilitar a vida dos outros e dificultar a de vocês. Quero dizer apenas que deve haver igualdade. No momento, vocês têm fartura e podem ajudar os que passam por necessidades. Em outra ocasião, eles terão fartura e poderão compartilhar com vocês quando for necessário. Assim, haverá igualdade.

Para você entender

Deus gosta que haja pobreza? Não! Mas ela existe por alguns motivos, e todos se resumem no pecado humano: seja a ganância, o materialismo, a exploração do próximo, a corrupção de quem tem o poder ou até mesmo a preguiça de alguns. E esses são apenas alguns de nossos pecados que geram tanta desigualdade social. Há muitos outros.

Porém, Deus não leva isso na brincadeira. Para Ele é muito sério que haja tanta disparidade entre os ganhos das pessoas. Leia as seguintes passagens do Antigo Testamento e reflita sobre o quanto o Senhor se importa com os pobres: Êx 23:6,9; Dt 24:14-15; Sl 12:5-7; Is 10:1-2; Jr 22:13-16; Dn 4:27; Am 3:10. Essas passagens são apenas um resumo do pensamento de Deus acerca da opressão ao pobre. Deixe que elas entrem em seu coração e façam de você uma pessoa mais justa.

Perguntas para reflexão

1. Como você trata as pessoas que são de uma classe social diferente da sua (seja de uma condição melhor ou pior do que a sua)? Você os trata com justiça, ou tende a tratá-los com distância?

2. Quantas vezes você já participou ativamente de campanhas de arrecadação de alimentos, roupas para os mais empobrecidos ou vítimas de tragédias? Qual foi sua motivação em participar? Como você se sentiu depois?

3. Quando você faz doações, o que normalmente escolhe: suas roupas boas, que você não usa mais, ou aquelas que estão em farrapos e só ocupam espaço em seu armário? Resumindo: suas doações são o melhor que pode oferecer, ou apenas suas sobras?

MEDITAÇÃO 12[12]

"...que continuássemos a ajudar os pobrespobres...".

(Gálatas 2:10)

Por que Deus permite que tantos dos Seus filhos sejam pobres? Ele poderia fazer que todos fossem ricos se quisesse. Ele poderia deixar sacos de ouro em suas portas; poderia enviar-lhes um grande salário; ou poderia espalhar em volta de suas casas provisões em abundância, como o dia em que Ele fez aparecer muitas codornizes ao redor do acampamento de Israel e fez chover pão do céu para alimentá-los (Êx 16).

Não há necessidade de eles serem pobres, a menos que o Senhor veja isso como o melhor. São dele "todos os animais dos bosques, e o gado nas milhares de colinas" (Sl 50:10) — Ele poderia supri-los; poderia fazê-los os mais ricos, os maiores e os mais poderosos, colocando Seu poder e riquezas aos pés de Seus filhos, pois o coração de todos os homens está sob Seu controle. Mas Deus não faz isso; Ele permite que passem necessidades, permite que sofram penúrias e obscuridade.

Por quê? Há muitas razões, uma delas é dar aos que são favorecidos uma oportunidade de demonstrar amor por Jesus. Demonstramos nosso amor a Cristo quando cantamos sobre Ele e quando oramos a Ele. Porém, se não houvesse filhos da necessidade no mundo, perderíamos o privilégio de evidenciar nosso amor ministrando doações aos Seus irmãos mais pobres. Ele ordenou que provássemos o nosso amor não apenas em palavras, mas também em obras e em verdade. Se realmente amamos a Cristo, cuidaremos daqueles que são amados por Ele. Aqueles que lhe são queridos serão queridos por nós. Vamos então olhar para isso não como uma obrigação, mas como um privilégio de socorrer os pobres do rebanho do Senhor — lembrando das palavras do Senhor Jesus: "Eu lhes digo a verdade: quando fizeram isso ao menor destes meus irmãos, foi a mim que o fizeram" (Mt 25:40). Certamente isso é mais que bom, e um motivo

[12]Adaptado de Manhã, 17 de março.

suficientemente forte para nos levar a ajudar os outros com mãos dispostas e coração amoroso. Vamos nos lembrar de que tudo o que fazemos para Seu povo é graciosamente aceito por Cristo como se feito para Ele próprio.

Oração

Senhor Deus, a Sua Palavra é cheia de exemplos de como o Senhor se importa com os pobres e desfavorecidos. Jesus até nasceu entre eles. Por favor, não me deixe ficar indiferente à desigualdade que me cerca e me ajude a amar essas pessoas como o Senhor as ama. Que eu possa ser tão generoso ao estender minha mão para ajudá-los quanto o Senhor é comigo diariamente. Amém!

Desafio da semana

Procure saber se há alguma instituição por perto de você que está arrecadando ajuda para os necessitados. Informe-se sobre a seriedade do trabalho deles, pois infelizmente há muitos que se aproveitam da situação para lucrar. Separe todas as suas roupas e sapatos, que estão em bom estado e podem ser doados, bem como aqueles brinquedos que você ainda mantém da sua infância, para levar até esse lugar. Coloque junto com sua doação algum tipo de livreto cristão que leve a eles uma mensagem de esperança.[13]

> “Quando escrevo, tenho um espelho para a minha alma.”

Bônus

Leia o artigo a seguir e veja o que esse grupo de adolescentes tem feito de projetos sociais. Quem sabe alguma das sugestões não vai coincidir com algo que você já tem desejo de fazer? E você pode ser o precursor disso em seu grupo da escola ou da igreja.

[13]Nós podemos te ajudar com isso. É só enviar um e-mail para brasil@paodiario.org e pedir folhetos e livretos para distribuição. Eles são gratuitos para você. Basta se identificar como leitor deste livro.

ESCOLHENDO BONS PARCEIROS DE TRABALHO

Leitura bíblica: Salmo 1

Feliz é aquele que não segue o conselho dos perversos, não se detém no caminho dos pecadores, nem se junta à roda dos zombadores. Pelo contrário, tem prazer na lei do SENHOR e nela medita dia e noite. Ele é como a árvore plantada à margem do rio, que dá seu fruto no tempo certo. Suas folhas nunca murcham, e ele prospera em tudo que faz.

O mesmo não acontece com os perversos! São como palha levada pelo vento. Serão condenados quando vier o juízo; os pecadores não terão lugar entre os justos. Pois o SENHOR guarda o caminho dos justos, mas o caminho dos perversos leva à destruição

Para você entender

Nesta meditação, Spurgeon vai comparar o sucesso de Salomão com o fracasso de Josafá acerca da construção de uma frota mercante. Ambos tinham seus estaleiros na cidade de Eziom-Geber, mas Salomão enriqueceu seu reino com o comércio de madeiras e materiais preciosos, ao passo que os navios de Josafá afundaram antes mesmo de poderem partir em viagem.

Muitas vezes, ficamos frustrados quando nos comparamos aos outros. Isso pode levar a um sentimento muito nocivo: a inveja. Na realidade, tendemos a avaliar nossa vida por um período apenas — aquele que estamos vivendo. Mas não é assim na contabilidade de Deus. Às vezes precisamos fracassar para aprendermos algo precioso e depois crescer mais do que imaginávamos que conseguiríamos. Porém, muitas vezes a razão de nosso fracasso está nas pessoas com que escolhemos nos associar.

Perguntas para reflexão

1. Você já se sentiu frustrado quando, mesmo depois de muito esforço, sua tentativa de que algo "desse certo" acabou não tendo resultado? Como reagiu?

2. Quando você compara seu desempenho em qualquer coisa com o de outra pessoa, tende a se sentir satisfeito ou com inveja? Como você trata as pessoas que conseguem realizar aquilo que você tem dificuldade?

3. Quem você tem escolhido como seus parceiros nas coisas que deseja empreender? São pessoas sábias, estáveis, confiáveis e dedicadas a Deus? Quanto você acha que essa escolha pode impactar no seu sucesso ou fracasso?

MEDITAÇÃO 13[14]

"Josafá construiu uma frota de navios mercantes para buscar ouro em Ofir. As embarcações, porém, nunca chegaram a navegar, pois naufragaram no porto de Eziom-Geber." (1 Reis 22:48)

Os navios de Salomão voltaram em segurança (1Re 9:26-28; 10:22), mas as embarcações de Josafá nunca chegaram à terra do ouro (1Re 22:48-49). Deus faz que um prospere e frustra o desejo do outro na mesma questão e no mesmo lugar. Contudo, o Grande Soberano é tão bom e sábio tanto em um caso como no outro.

Hoje, ao nos lembrarmos deste texto, que possamos ter a graça de louvar o Senhor pelos navios quebrados em Eziom-Geber, assim como pelos navios fretados com bênçãos temporais. Que não invejemos os que têm mais sucesso, nem choremos por nossas perdas como se estivéssemos sendo especialmente testados. Que sejamos como Josafá, que era especial aos olhos do Senhor (1Re 22:43), embora nossos planos acabem em desapontamento.

O motivo secreto da perda de Josafá também é digno de atenção, pois esse é o caminho de boa parte do sofrimento do povo do Senhor. O motivo do fracasso foi sua aliança com uma família pecadora, sua amizade com pecadores (2Cr 20:35-36). A Bíblia relata que o Senhor enviou um profeta para declarar: "Porque você se aliou ao rei Acazias, o SENHOR destruirá o que você construiu" (v.37). Foi um castigo paterno que, aparentemente, se tornou uma bênção para ele, já que em 1 Reis 22:49, o encontramos recusando-se a permitir que seus servos navegassem nos mesmos navios que os servos do rei malvado. Deus queria que a experiência de Josafá fosse um alerta para o restante do povo do Senhor, para que evitasse o jugo desigual com os descrentes (2Co 6:14)!

Aqueles que se unem com pessoas do mundo em casamento, ou qualquer outro tipo de sociedade que escolham, experimentam uma vida

[14]Adaptado de Manhã, 13 de janeiro.

infeliz. Que, por amor a Jesus, sejamos santos, inocentes, puros e que não nos associemos a pecadores; pois, se não evitarmos essas associações, podemos esperar escutar muitas vezes: "o SENHOR destruirá o que você construiu".

Oração

Senhor, às vezes não é fácil ver alguém sendo bem-sucedido em algo em que eu gostaria de ter o mesmo sucesso. Porém, me ajude a não sentir inveja de ninguém. Mas, ainda mais importante, me oriente na escolha das pessoas com quem vou me associar em trabalho ou namoro. Que eu receba sabedoria do alto para escolher pessoas que me encorajem a ser melhor e trabalhar melhor, e que eu faça o mesmo por elas. Amém!

Desafio da semana

Leia novamente o Salmo 1, que está no início do devocional desta semana. Avalie suas escolhas de amigos e namorado(a). Faça uma lista, baseando-se nas características que esse salmo define de uma pessoa feliz, para ver se eles preenchem os requisitos que farão a sua parceria ser bem-sucedida.

> **"Quando escrevo, tenho um espelho para a minha alma.**

Bônus

Embora tenhamos o dever de amar a todos, sem distinção, devemos escolher quem caminha mais perto de nós, principalmente quando desejamos nos tornar pessoas melhores e crescer. Assista a este vídeo e atente às dicas sobre como fazer essa escolha.

AMOR QUE TRANSBORDA EM INTERCESSÃO

Leitura bíblica: Efésios 6:18-20

Orem no Espírito em todos os momentos e ocasiões. Permaneçam atentos e sejam persistentes em suas orações por todo o povo santo.

E orem também por mim. Peçam que Deus me conceda as palavras certas, para que eu possa explicar corajosamente o segredo revelado pelas boas-novas. Agora estou preso em correntes, mas continuo a anunciar essa mensagem como embaixador de Deus. Portanto, orem para que eu siga falando corajosamente em nome dele, como é meu dever.

Para você entender

No Israel do Antigo Testamento, havia uma pessoa consagrada pelo próprio Deus para ser um intercessor pelo povo diante do Senhor: o sumo sacerdote (Lv 16). Esse homem deveria trocar diariamente o incenso, que ficava no templo, e orar por seu povo (Êx 30:7-9). Em Apocalipse 5:8 e 8:3, a Bíblia nos diz que esse incenso era representação da intercessão do povo de Deus diante de Seu trono.

Como vimos em nossa leitura bíblica, o apóstolo Paulo jamais pensou ou insinuou que não precisasse do auxílio de seus irmãos em oração. Nem nós podemos fazer isso. Precisamos que orem por nós e, ao mesmo tempo, devemos nos lembrar de orar uns pelos outros. Quando fazemos isso, nos parecemos mais com Jesus.

Perguntas para reflexão

1. Já falamos anteriormente sobre o poder da oração. Você crê que ajuda muito as pessoas quando ora por elas? Por quê?

2. Você tem o hábito de orar por sua família, seus amigos e até por seus inimigos? Por que acha que é importante interceder pelos outros diante de Deus?

3. Muitas vezes dizemos às pessoas: "Não posso fazer nada por você, mas vou orar", como se a oração tivesse pouca importância naquilo que fazemos pelo próximo. Onde está o erro de falarmos desse modo?

MEDITAÇÃO 14[15]

"...orem uns pelos outros...".
Tiago 5:16

Como uma motivação para oferecer oração intercessora, lembre-se de que ela é a mais doce aos ouvidos de Deus, pois a oração de Cristo tem esse caráter. Em todo o incenso que nosso Grande Sumo Sacerdote, Jesus, coloca agora no incensário, não há um único grão em favor de si próprio. Sua intercessão é a mais aceitável de todas as súplicas — e quanto mais nossa oração for parecida com a de Cristo, mais doce ela será. Assim sendo, embora quando pedimos por nós mesmos, essas orações são aceitas, as nossas súplicas em favor de outros, tendo nelas mais do fruto do Espírito, mais amor, mais fé, mais bondade fraternal, serão, por meio do precioso mérito de Jesus, a mais doce oferta que podemos dar a Deus.

Lembre-se, mais uma vez, que oração de intercessão é a que mais triunfa. Que maravilhas ela tem feito! A Palavra de Deus está recheada de relatos com seus feitos maravilhosos. Você tem uma ferramenta poderosa nas mãos: use-a bem, use-a constantemente, use-a com fé e certamente trará muitos benefícios para seus irmãos.

Quando você estiver falando aos ouvidos do Rei, fale com Ele sobre o sofrimento dos membros de Seu Corpo, a Igreja. Quando você for chamado para perto de Seu trono, e o Rei disser: "Peça, que eu darei o que você quiser", que suas petições sejam não apenas por si mesmo, mas pelos muitos que precisam de Sua ajuda. Se você tiver alguma graça divina e não for um intercessor, essa graça deve ser tão pequena quanto um grão de mostarda; no entanto, na verdade, há em você graça suficiente para deixar sua alma flutuando na areia movediça. Porém, se você não leva em si mesmo a carga pesada dos desejos dos outros, e volta para eles com ricas bênçãos do seu Senhor (bênçãos que eles talvez não obteriam se não fosse por sua oração), você não tem esse fluir profundo da graça:

[15]Adaptado de Noite, 6 de fevereiro.

Ah, que minha mão esqueça o quanto é habilidosa,
Que minha língua fique fria, parada e silenciosa,
Que este coração limitado esqueça de bater,
Se eu do trono da misericórdia me esquecer!

Oração

Pai amoroso, agradeço porque o Senhor Jesus intercede todo dia por mim diante de Seu trono. Peço que o Senhor me ajude a fazer o mesmo pelos outros. Que eu possa dar tanta importância às necessidades deles quanto dou às minhas. E que eu jamais despreze o poder da oração, como se ela fosse a última coisa que eu posso fazer por alguém. Que eu entenda que, quando oro por meu próximo, estando realmente interessado em seu bem, faço o melhor por ele.

Desafio da semana

Procure fazer uma lista de pessoas que precisam de sua oração. Pode ser por saúde, condição financeira, depressão, vícios, traumas. Ore por elas todos os dias, pedindo que o Espírito Santo o ajude nessa intercessão.

Se alguém vier desabafar com você esta semana, ou se perceber que alguém não está legal, ouça essa pessoa com atenção e, antes de você falar qualquer coisa, ofereça orar por ele.

> **"Quando escrevo, tenho um espelho para a minha alma.**

Bônus

Neste episódio do *JesusCopy*, é apresentado o que é intercessão, como podemos colocá-la em prática e quais os resultados colhidos.

E A VIDA ETERNA DE MEU SEMELHANTE?

Leitura bíblica: Atos 1:8

Vocês receberão poder quando o Espírito Santo descer sobre vocês, e serão minhas testemunhas em toda parte: em Jerusalém, em toda a Judeia, em Samaria e nos lugares mais distantes da terra.

Para você entender

Muitas ações e palavras que nós podemos tomar com relação ao nosso semelhante são importantes, mas nada é mais relevante do que compartilhar nossa fé em Jesus com nossos conhecidos.

Oferecer o pão físico, e privar alguém do Pão que desceu do Céu (Jo 6:51); dar um copo de água e não apresentar a Água Viva (Jo 4:13-14) é percorrer apenas a menor parte do caminho. Devemos nos preocupar com as necessidades físicas e emocionais de quem nos cerca, mas não podemos negligenciar a eternidade da alma deles. Onde eles estarão na eternidade? E como poderão conhecer o evangelho que os livra da condenação se ninguém lhes falar sobre isso (Rm 10:14-15)? Até que ponto você ama seu próximo?

Perguntas para reflexão

1. Às vezes desejamos que nosso próximo ouça o evangelho, desde que não seja por nós. A vergonha e o medo da rejeição nos impedem de compartilhar nossa fé. Com quantas pessoas não convertidas você já conversou sobre Jesus?

2. Há um dito popular entre alguns cristãos, que diz: "Pregue o evangelho e, se necessário use palavras". Na realidade, isso é uma meia verdade, o que a torna uma mentira muito prejudicial. Sim, nossos atos têm de ser coerentes com nossa confissão de fé, mas isso não significa que não devemos convidar os outros para vir a Cristo. De que maneiras criativas, por meio de ações e palavras, você pode falar de Jesus aos outros?

3. Quando você pensa nas pessoas que você ama ou admira, têm preocupação de onde elas passarão a eternidade? Se não, o que poderia fazer para mudar essa sua indiferença?

MEDITAÇÃO 15[16]

"André foi procurar seu irmão, Simão, e lhe disse: 'Encontramos o Messias (isto é, o Cristo)'". (João 1:41)

Este é um excelente padrão de todos os casos em que a vida espiritual é vigorosa. Logo que alguém encontra Cristo, começa a alcançar outras pessoas. Não posso acreditar que você provou o mel do evangelho se puder comer tudo sozinho. A graça verdadeira coloca um ponto final em todo monopólio espiritual.

André primeiro achou seu próprio irmão, Simão [Pedro], e então outros. Os nossos relacionamentos têm prioridade muito forte sobre nossos primeiros esforços individuais. André, você fez bem em começar com Simão! Pergunto-me se não há alguns cristãos distribuindo folhetos na casa dos outros, que fariam melhor se entregassem folhetos a si mesmos. Se não há alguns empenhados em trabalhos proveitosos fora de seu país, que estejam negligenciando seu contexto familiar. Você pode ou não ser chamado a evangelizar pessoas em qualquer localidade em particular, mas certamente é chamado a olhar aos seus próprios conhecidos, parentes e amigos.

Que seu cristianismo comece em casa. Muitos comerciantes exportam seus melhores produtos — o cristão não deveria fazê-lo. Ele deveria ter o melhor sabor em todas as suas conversas em qualquer lugar; mas que tenha o cuidado de oferecer a fruta mais doce da vida espiritual e testemunho em sua própria família. Quando André foi procurar seu irmão, ele não podia imaginar quão importante Simão se tornaria. Simão Pedro valia dez Andrés (é o que aprendemos na história sagrada) e, ainda assim, André foi o instrumento para trazê-lo a Jesus. Você pode ter poucos talentos, mas pode ser o instrumento para levar alguém a Cristo, que vai se destacar em graça e serviço.

Querido, você conhece pouco das possibilidades que há em você. Pode apenas dizer uma palavra a uma criança e, nela pode estar adormecido um

[16]Adaptado de Noite, 19 de fevereiro.

coração nobre que agitará a Igreja cristã nos anos vindouros. André tem apenas dois talentos, mas ele encontra Pedro. Vá e faça o mesmo.

Oração

Deus Eterno, agradeço porque um dia eu fui alcançado pelo Seu evangelho, que ouvi de alguém que se preocupou comigo. Ajude-me a fazer o mesmo com quem está ao meu redor. Que eu tenha sabedoria para aproveitar as oportunidades que o Senhor abre para que eu compartilhe com outros a fé que tenho no Senhor. Alcance meus familiares e amigos mais próximos, e alcance também aqueles que estão longe e ouvindo o evangelho pregado por pastores e missionários. Amém!

Desafio da semana

Que tal usar suas redes sociais para compartilhar vídeos curtos de você falando sobre como foi alcançado por Jesus e o que isso mudou na sua vida? Seja criativo: varie seu método e local onde grava. Procure demonstrar amor e empatia por quem discorda de você e ore por eles.

> **“Quando escrevo, tenho um espelho para a minha alma.”**

Bônus

Assista a este vídeo e veja sobre o equilíbrio entre fazer o bem ao próximo e a pregação do evangelho.

COMBATENDO O ÓDIO

Leitura bíblica: Romanos 12:17-21

Nunca paguem o mal com o mal. Pensem sempre em fazer o que é melhor aos olhos de todos. No que depender de vocês, vivam em paz com todos. Amados, nunca se vinguem; deixem que a ira de Deus se encarregue disso, pois assim dizem as Escrituras: "A vingança cabe a mim, eu lhes darei o troco, diz o Senhor". Pelo contrário: "Se seu inimigo estiver com fome, dê-lhe de comer; se estiver com sede, dê-lhe de beber. Ao fazer isso, amontoará brasas vivas sobre a cabeça dele". Não deixem que o mal os vença, mas vençam o mal praticando o bem.

Para você entender

Vivemos um tempo em que as mídias sociais dão voz a muito ódio e difamação. Qualquer postagem inocente pode trazer sobre si uma chuva de críticas tão pesada, que abala as estruturas do autor do *post*. A maioria não procura a verdade completa, mas julga baseando-se unicamente em um dito ou uma ação que não agradou a muitos.

A melhor forma de reagir a isso é não responder ou reagir da mesma forma. É tratar bem, mesmo aqueles que querem nos ferir. Como Paulo disse: é pagar o mal com o bem e assim deixar sobre a cabeça da pessoa algo que a intrigue profundamente (as brasas vivas) e que, quem sabe, a ajude a compreender o erro que está cometendo. É difícil ser pacificador num mundo de *haters*? É! Mas essa é a postura que Deus espera de Seus filhos. Ele busca a paz e deseja que nós façamos o mesmo.

Perguntas para reflexão

1. Você já enfrentou algum tipo de "cancelamento" nas redes sociais, ou até entre seu círculo de amizade porque falou algo que as pessoas julgaram mal? Como você se sentiu, e reagiu, e quais os resultados disso para você?

2. Você já presenciou alguém sendo maltratado por causa de preconceito (religioso, racial, social etc.)? O que você fez na época? Tomou alguma posição? Se sim, como fez isso? Se não, por quê?

3. Você estaria disposto a tomar a atitude de um pacificador diante dos conflitos que o envolvem ou envolvem outras pessoas que você ama? Qual você acha que seria o preço de agir assim?

MEDITAÇÃO 16[17]

"Felizes os que promovem a paz, pois serão chamados filhos de Deus."

(Mateus 5:9)

Essa é a sétima das bem-aventuranças (Mt 5:3-12) — e sete era o número da perfeição entre os hebreus. Deve ter sido por isso que o Salvador colocou quem promove a paz em sétimo lugar na lista, porque este é o que mais se aproxima do homem perfeito em Cristo Jesus. Aquele que quiser ser perfeitamente bem-aventurado, que quer dizer o mesmo que "feliz", até onde for possível na Terra, deve alcançar essa sétima bem-aventurança e se tornar um pacificador.

Há também uma significância na posição do texto. O versículo que o precede fala que são "felizes os que têm coração puro, pois verão a Deus" (v.8). É certo entender que devemos ser "primeiro puros, e então promoveremos a paz". Para sermos pacificadores nunca deveremos compactuar com o pecado ou com a tolerância ao mal. Precisamos ser determinados contra tudo o que é contrário a Deus e a Sua santidade — quando a pureza for um assunto resolvido em nossas almas, poderemos ser pacificadores.

O versículo seguinte não é menos importante, e foi colocado lá de propósito. Embora possamos ser promotores da paz neste mundo, ainda assim seremos considerados inadequados e incompreendidos. Isso não deveria nos espantar, pois até mesmo o Príncipe da Paz (Is 9:6), com Sua tranquilidade, trouxe fogo sobre a Terra. Ele mesmo, embora amasse a humanidade e não tivesse praticado o mal, "foi desprezado e rejeitado, homem de dores, que conhece o sofrimento mais profundo..." (Is 53:3). Para que, portanto, o pacífico de coração não fosse surpreendido ao encontrar seus inimigos, foi acrescentado o versículo seguinte: "Felizes os perseguidos por causa da justiça, pois o reino dos céus lhes pertence" (Mt 5:10). Então, os pacificadores não são apenas marcados para serem abençoados, como também estão rodeados de bênçãos. "Senhor, dê-nos a graça de chegar a esta sétima bem-aventurança!

[17]Adaptado de Noite, 17 de março.

Purifique nossas mentes para que possamos ser 'primeiro puros, então pacíficos', e fortifique nossa alma, para que nossa pacificação não nos leve à covardia e ao desespero quando, por Sua causa, formos perseguidos".

Oração

Pai amoroso, agradeço pela paz que há entre mim e o Senhor, que só foi alcançada por meio da morte e ressurreição de Jesus. Por esse exemplo, entendo que, às vezes, para que a paz seja alcançada, devemos suportar algum conflito. Não é fácil ser pacificador num mundo de críticos cheios de ódio, e entendo que, quando eu resolver me posicionar dessa forma, experimentarei muita rejeição. Mas, pelo Seu Espírito, me capacite a ser um promotor da paz, sem, no entanto, negociar os princípios da Sua Palavra. E não permita que eu me intimide diante das críticas por fazer a Sua vontade. Amém!

Desafio da semana

Memorize Mateus 5:9. Se, durante esta semana, você perceber palavras de preconceito ou ódio dirigidas a algum amigo seu, ore a Deus por uma estratégia de promover a paz. Se alguém te provocar, busque no Senhor como pagar o mal com o bem. Procure se manter educado e calmo se achar que deve reagir com palavras ou ações. Ore para que Deus toque no coração de seu ofensor. Esses exercícios são difíceis, mas você estaria disposto a começar a colocá-los em prática?

> "Quando escrevo, tenho um espelho para a minha alma.

Bônus

A intolerância manifestada nas redes sociais se reflete em nosso dia a dia de conversas. Mas, e se Jesus estivesse aqui, neste tempo, e tivesse acesso ao mundo virtual. Como Ele agiria? Baixe gratuitamente o livreto e veja as respostas a essa pergunta.

RETRATOS DE JESUS

Leitura bíblica: Efésios 5:1-2

Portanto, como filhos amados de Deus, imitem-no em tudo que fizerem. Vivam em amor, seguindo o exemplo de Cristo, que nos amou e se entregou por nós como oferta e sacrifício de aroma agradável a Deus.

Para você entender

As pessoas normalmente reconhecem nossos familiares como relacionados a nós pela semelhança física que temos, pela personalidade e até por trejeitos. O mesmo acontece com nossas amizades: quando mais próximos somos de alguém, mais acabamos desenvolvendo gostos, maneiras e até forma de pensar similares.

Isso acontece com quem anda com Jesus também. À medida que o conhecemos melhor, que damos mais liberdade para o Seu Espírito agir em nós, consequentemente vamos começar a amar o que Ele ama e a detestar o que Ele detesta. Até nosso jeito de pensar será totalmente transformado, e isso trará consequências para quem convive conosco também. E parecer-se com Jesus é ser semelhante à melhor pessoa que já viveu no globo terrestre!

Perguntas para reflexão

1. Descreva as características de Jesus que você mais admira nele. Quanto isso lhe faz desejar ser mais parecido com Ele?

2. Parecer com Jesus implica em um viver em santidade. Mas isso incomoda muita gente que nos cerca. Você estaria disposto a enfrentar críticas e rejeição por amor a Cristo? Por quê?

3. Por outro lado, ser semelhante a Cristo significa que você fará parte de uma família muito especial, terá amigos leais e uma perspectiva de futuro que compensa todo o sofrimento aqui. O que pesa mais para você: o medo de ser rejeitado, ou a expectativa de estar com Jesus eternamente?

MEDITAÇÃO 17[18]

"...Reconheceram também que eles haviam estado com Jesus."

(Atos 4:13)

O cristão deve ter uma semelhança impressionante com Jesus Cristo. Você leu sobre a vida de Cristo, bela e eloquentemente escrita nos evangelhos, mas a melhor vida de Cristo é Sua biografia viva escrita nas palavras e ações de Seu povo. Se nós fôssemos o que declaramos ser, e o que deveríamos ser, seríamos retratos de Cristo. Na verdade, deveríamos ter tal semelhança a Ele, que o mundo não precisaria nos congelar no tempo, como numa foto, e dizer: "Bem, há alguma semelhança entre eles". Mas deveriam exclamar quando estivessem conosco: "Eles estiveram com Jesus; Ele os ensinou; são como Ele; captaram a essência do santo Homem de Nazaré, e Ele age na vida deles e em suas ações diárias".

Um cristão deveria ser como Cristo em Sua ousadia. Nunca ter vergonha de sua própria religião, pois sua confissão de fé nunca o desonrará; e cuidar para que seu mau testemunho não venha a desgraçá-la. Ser do mesmo modo que Jesus é ser muito valioso para o seu Deus. Imitá-lo em Seu espírito amoroso; pensar com bondade, falar bondosamente e fazer o bem, de forma que os homens digam sobre você: "Ele esteve com Jesus". Imitar Jesus em Sua santidade. Cristo era zeloso por Seu Pai? Seja também; sempre fazendo o bem. Não desperdice tempo: o bem é muito precioso. Jesus foi abnegado, nunca buscando seu próprio interesse? Seja igual. Ele foi piedoso? Seja fervoroso em suas orações. Ele teve consideração pela vontade de Seu Pai? Então submeta-se a Ele. Jesus foi paciente? Então aprenda a suportar.

E, melhor de tudo, como um grande retrato de Jesus, tente perdoar seus inimigos, como Ele o fez; e permita que estas palavras sublimes de seu Mestre: "Pai, perdoa-lhes, porque não sabem o que fazem" ecoem sempre

[18]Adaptado de Manhã, 11 de fevereiro.

em seus ouvidos. Perdoe, como espera ser perdoado. Amontoe brasas sobre a cabeça de seus inimigos (Rm 12:20) ao demonstrar bondade com eles. Devolva o bem pelo mal que lhe fizerem; lembre-se: isso é divino. Seja divino então; e de todas as maneiras e formas, viva de modo que todos digam sobre você: "Ele esteve com Jesus".

Oração

Pai, sei que às vezes me preocupo pouco em parecer com o Senhor. Sigo a moda no meu corte de cabelo, nas roupas e até nos gestos, mas deixo em segundo plano o ser semelhante ao Senhor na minha maneira de agir e falar. Transforme-me para que aqueles que me cercam possam me reconhecer como um seguidor Seu. E que isso faça com que muitos deles queiram ser parecidos com o Senhor também. Amém!

Desafio da semana

> "Quando escrevo, tenho um espelho para a minha alma."

Leia dois capítulos do evangelho de Marcos (que é o menor dos evangelhos) todos os dias e anote todas as características de Jesus que chamarem sua atenção. Depois, a cada dia, compare o que você anotou com seu próprio modo de viver e se relacionar com os outros. Peça que Deus o transforme à semelhança de Cristo, para que as outras pessoas possam reconhecer seu relacionamento de amizade com Seu Criador, e que isso se torne uma corrente do bem, levando outros a desejarem a mesma coisa.

Bônus

Assista à esta cena da série cristã *The Chosen*. Embora essa cena não esteja nos evangelhos, ela demonstra algo que aconteceu muitas vezes: os discípulos de Jesus brigando entre si para ver quem era o melhor, e Jesus ensinando que ser humilde e servir é o melhor. Observe que, enquanto os discípulos brigam, Jesus volta exausto depois de ter passado o dia curando e cuidando de pessoas. Como isso impacta você?

Parte 3

Lutando contra a tentação

A tentação faz parte contínua da história humana, desde o primeiro casal, criado em estado de santidade, até o próprio Jesus, o Homem perfeito. O apóstolo Paulo dá seu testemunho pessoal dessa luta entre a nossa vontade de fazer o certo e nossa tendência natural para o errado: "Não entendo a mim mesmo, pois quero fazer o que é certo, mas não o faço. Em vez disso, faço aquilo que odeio" (Rm 7:15).

Os pecados que conhecemos hoje sempre existiram. Sempre mesmo! Assassinatos, corrupção, justiça parcial, desequilíbrio social entre pobres e ricos, opressão, sequestros, estupros, fofocas e difamações… e por aí vai. A Bíblia é farta de histórias que ilustram esse fato. Os Dez Mandamentos revelam que, se Deus disse que não deveríamos fazer algo, é porque já era natural que a humanidade praticasse aqueles atos. Quanto à história mundial, se puder, dê uma estudada nas sociedades gregas e romanas e suas práticas de família e sexualidade. Você ficará surpreso!

No entanto, atualmente, com a acessibilidade que a internet e os *streamings* promovem a qualquer conteúdo, bom ou ruim, ficou mais fácil se conectar com coisas que multiplicam as oportunidades de pecar. Instrumentos que poderiam ser muito bons para promover nosso crescimento com informações preciosas e bom entretenimento também podem se tornar a porta de entrada para práticas que, se não víssemos divulgados neles, desconheceríamos. A culpa não é das ferramentas, em si, mas de nossa inclinação ao mal.

Há saída para isso? Como podemos vencer a tentação que apela tanto a nossos olhos e nosso coração? Como ter um comportamento diferente, e positivo, diante de tanto ódio e polarização? Como lidar com "cancelamentos" e evitar disseminar informações falsas? Como fazer boas escolhas daquilo que teremos para nosso entretenimento? A Bíblia tem respostas para essas questões? Tem! E este será o tema desta parte de nosso estudo devocional.

ATENTOS O TEMPO TODO

Leitura bíblica: 2 Samuel 11:1-5

No começo do ano, época em que os reis costumavam ir à guerra, Davi enviou Joabe e as tropas israelitas para lutarem contra os amonitas. Eles destruíram o exército inimigo e cercaram a cidade de Rabá. Mas Davi ficou em Jerusalém.

Certa tarde, Davi se levantou da cama depois de seu descanso e foi caminhar pelo terraço do palácio. Enquanto olhava do terraço, reparou numa mulher muito bonita que tomava banho. Davi mandou alguém para descobrir quem era a mulher. Disseram-lhe: "É Bate-Seba, filha de Eliã e esposa de Urias, o hitita". Então Davi enviou mensageiros para que a trouxessem, e teve relações com ela. Bate-Seba havia acabado de completar o ritual de purificação depois da menstruação. E ela voltou para casa. Passado algum tempo, quando Bate-Seba descobriu que estava grávida, enviou um mensageiro a Davi para lhe dizer: "Estou grávida".

Para você entender

Nosso texto bíblico começa com a descrição "a época em que os reis costumavam ir à guerra". Antigamente, as dificuldades climáticas eram levadas em conta na hora de tomar a decisão de ir à uma guerra. Um rei prudente não guerrearia no inverno, quando as condições de sobrevivência já seriam a primeira grande dificuldade enfrentada pelos soldados. Outro hábito era que os próprios reis lideravam seus exércitos, servindo de modelo aos seus liderados.

Porém, quando a época de defender seu povo e conquistar mais territórios chegou, Davi ficou em casa, descansando. Sua desatenção custou muito para ele, para uma mulher envergonhada e para seu marido, que foi morto. A nação agora tinha motivo de se envergonhar de seu rei, apesar de toda a dissimulação dele (claro que houve fofoca e repercussão desse assunto).

Isso nos ensina que o ócio pode ser um grande inimigo de nossa luta contra a tentação. O que fazemos com nosso tempo e onde caminha nossa mente realmente importam.

Perguntas para reflexão

1. Quanto tempo livre você tem por dia? O que costuma fazer nesses horários? Já monitorou seu tempo diante de *video games*, nas redes sociais ou assistindo à televisão?

2. Qual seu tipo de entretenimento favorito? Quais critérios usa para escolher os livros que lerá, programas que assistirá, pessoas que seguirá nas redes sociais, músicas que ouvirá etc.?

3. Quando Jesus foi tentado no deserto (Mt 4:1-11), Ele estava ao final de um período de consagração pessoal muito intenso, e mesmo assim Satanás não teve escrúpulos em atacá-lo. Sendo assim, em que momento podemos baixar nossa guarda na luta contra o pecado?

MEDITAÇÃO 18[19]

"Certa tarde, Davi se levantou da cama depois de seu descanso e foi caminhar pelo terraço do palácio...". (2 Samuel 11:2)

Naquela hora, Davi viu Bate-Seba. Nunca estamos fora do alcance da tentação. Tanto em casa, como fora, estamos sujeitos a nos deparar com as tentações do mal; a manhã começa com perigo e, nas sombras da noite, ainda nos encontramos ameaçados. Estão preservados os que são guardados por Deus, mas ai daqueles que saem por aí ou mesmo ousam andar em sua própria casa desarmados. Aqueles que pensam que estão seguros, estão mais expostos ao perigo do que qualquer outro. O escudeiro do pecado é a autoconfiança.

Davi deveria estar comprometido em lutar as batalhas do Senhor; em vez disso, ele ficou em Jerusalém e se entregou ao repouso luxuoso. Depois se levantou de sua cama ao anoitecer. A ociosidade e o luxo são animais ferozes sob as ordens do diabo e encontram para ele muitas presas. Em águas estagnadas, nadam criaturas nocivas, e em solo negligenciado, logo cresce um emaranhado de ervas daninhas e espinheiros. Mas que o profundo amor de Jesus nos mantenha ativos e úteis! Quando vejo o rei de Israel lentamente deixando seu leito ao fim do dia e caindo em tentação, que eu fique alerta e arme santa vigilância para guardar a porta.

É possível que o rei tenha ido para o seu terraço para descansar e fazer suas devoções? Se assim for, que cuidemos para que nenhum lugar, mesmo aquele onde praticamos nossas devoções secretas (Mt 6:6), seja um santuário do pecado! Enquanto nosso coração for como um isqueiro, com tantas faíscas de pecado, precisamos usar toda a nossa diligência em todos os lugares para evitar um incêndio. Satanás pode subir em terraços e entrar em armários e, mesmo se pudéssemos evitar esse demônio vil, nossas próprias corrupções são suficientes para nos arruinar, a menos que a graça o evite (Rm 6:15-18).

[19]Adaptado de Noite, 17 de janeiro.

Muito cuidado com as tentações da noite. Não esteja seguro. O Sol se põe, mas o pecado está alerta. Precisamos de um vigia durante a noite assim como um guardião durante o dia.

Oração

Pai, como é fácil acharmos que estamos a salvo da tentação se formos dedicados ao Senhor! Ajude-nos a aprender com os Seus grandes servos do passado que, para cair em tentação, basta não estarmos atentos a ela. Ajude-nos em nossas escolhas para que elas nos aproximem do Senhor, mas não permita que confiemos em nossa habilidade na guerra contra o pecado. Que dependamos do Senhor para vencê-la. Amém!

Desafio da semana

> "Quando escrevo, tenho um espelho para a minha alma."

Monitore seu tempo nas redes sociais, das mais às menos acessadas por você, e perceba o conteúdo que você está consumindo. Ele tenta moldar a sua mente a se afastar da Palavra de Deus? Também dê atenção aos tipos de séries você tem acompanhado. Pode notar alguma influência delas no seu jeito de falar, se vestir, se relacionar com os outros? Se essa influência for negativa, não seria uma boa hora para escolher outros conteúdos?

Bônus

Algo que leva muitas pessoas a cair em tentação, sem intenção prévia, é a recompensa imediata que o pecado parece oferecer. Com isso deixamos de considerar as consequências que serão colhidas. Leia o artigo a seguir e veja que, se isso lhe aconteceu, há perdão e retorno em Cristo.

PEDINDO LIVRAMENTO DA TENTAÇÃO

Leitura bíblica: Mateus 6:9-13

Portanto, orem da seguinte forma: Pai nosso que estás no céu, santificado seja o teu nome. Venha o teu reino. Seja feita a tua vontade, assim na terra como no céu. Dá-nos hoje o pão para este dia, e perdoa nossas dívidas, assim como perdoamos os nossos devedores. E não nos deixes cair em tentação, mas livra-nos do mal. Pois teu é o reino, o poder e a glória para sempre. Amém.

Para você entender

A oração chamada de "Pai nosso" é muito conhecida em todos os ramos do cristianismo. Nela, Jesus ensina como adorar e se submeter a Deus, como reconhecer que dependemos dele para o sustento, a pedir perdão pelos pecados, a pedir ajuda durante a tentação e livramento do mal. Por fim, Ele nos diz que devemos enaltecer a Deus, desde agora até a eternidade.

Mas adivinha qual é a parte dela que mais negligenciamos? Por incrível que pareça é justamente aquela que pede ao Deus Pai que não nos permita cair em tentação. Ou seja, a parte em que reconhecemos que, sem a ajuda do Senhor, somos presas fáceis para nossos dois inimigos: o interior, nossa carnalidade; e o exterior, o diabo. Porém, se Jesus nos ensinou que devemos fazer esse tipo de pedido, será que não deveríamos levar essa prática mais a sério?

Perguntas para reflexão

1. Você se lembra de uma situação de tentação que foi especialmente difícil vencer? Naquele momento, o que foi decisivo para que você não caísse em pecado?

2. Quantas vezes você já se viu em situações que não foram provocadas por você, mas que acabaram proporcionando uma tentação muito forte para deixar Jesus de lado e fazer o que sua mente pedia? O que provocou essa situação tentadora?

3. Por outro lado, quantas vezes você mesmo entrou em "enrascadas" porque resolveu achar que algo seria inofensivo? O que você aprendeu dessas situações?

MEDITAÇÃO 19[20]

"...E não nos deixes cair em tentação."

(Lucas 11:4)

Aquilo que, em oração, Jesus nos ensinou a buscar ou a evitar deveríamos igualmente buscar ou evitar em ação. Por isso, com muita sinceridade devemos evitar a tentação, buscando andar muito cuidadosamente no caminho da obediência, e nunca devemos provocar o diabo a nos tentar. Não devemos entrar na floresta à procura do leão. Poderíamos pagar caro por essa presunção. O leão pode cruzar nosso caminho ou sair da mata, saltando em cima de nós, mas isso é bem diferente de irmos atrás dele. Aquele que se encontra com o leão, mesmo que vença o dia, terá uma dura luta. Que oremos para podermos ser poupados desse encontro. Nosso Salvador, que experimentou o significado da tentação, advertiu sinceramente Seus discípulos: "Vigiem e orem para que não cedam à tentação" (Mt 26:41).

Mas independentemente do que fizermos, seremos tentados; por isso existe a oração "livra-nos do mal" (Mt 6:13). Deus teve um Filho sem pecado, mas Ele não tem filho algum que não seja tentado. "O ser humano nasce para enfrentar aflições, tão certo como as faíscas do fogo voam para o alto" (Jó 5:7), e o cristão, da mesma forma, nasce para encarar tentações. Precisamos estar sempre vigiando contra Satanás, porque, como um ladrão, ele não avisa de sua chegada.

Os cristãos que experimentaram os caminhos de Satanás sabem que há determinadas épocas em que ficamos mais suscetíveis aos seus ataques, e ventos destruidores podem ser esperados em certos períodos. Portanto devemos vigiar duplamente por temor ao perigo, e o perigo é evitado com a preparação para o encontro. Prevenir é melhor do que remediar; é melhor estar tão bem armado que o diabo não atacará, do que enfrentar os perigos da luta, mesmo que saiamos vencedores.

[20]Adaptado de Noite, 9 de fevereiro.

Oração

Deus querido, sei que não tenho orado muito para que o Senhor me livre das tentações. Na verdade, às vezes parece que eu quase corro atrás delas. Mas mude minha mente quanto a isso! Livre-me de todas as tentações possíveis. Porém, quando elas forem permitidas pelo Senhor, me dê força para vencer e não pecar. Amém!

Desafio da semana

Anote em lugar secreto, que só você possa acessar, quais são os seus pontos fracos com relação à tentação. Reconheça que essas são suas áreas suscetíveis ao ataque do diabo. Peça perdão se cedeu a alguma delas esta semana e peça a Deus que o fortaleça nesse ponto.

> "Quando escrevo, tenho um espelho para a minha alma."

Se você confia em um líder cristão, compartilhe com ele essas suas lutas e peça que ele o ajude com conselhos e oração.

Bônus

Tomar as decisões práticas que nos afastem da tentação nem sempre é fácil. Assista a este vídeo e veja algumas dicas de como evitar ser tentado.

O PERIGO DE ESTAR TUDO BEM

Leitura bíblica: Filipenses 4:11-13

...aprendi a ficar satisfeito com o que tenho. Sei viver na necessidade e também na fartura. Aprendi o segredo de viver em qualquer situação, de estômago cheio ou vazio, com pouco ou muito. Posso todas as coisas por meio de Cristo, que me dá forças.

Para você entender

Há pelos menos três situações da vida em que tomar uma decisão se torna especialmente difícil: durante o sofrimento, durante o desespero, ou durante a extrema alegria. É durante esses tempos que muita gente toma decisões irracionais. Quem nunca ouviu falar de alguém que, de tão encantado com o lugar que estava visitando, não tomou as devidas precauções na hora de tirar uma *selfie* e acabou despencando para a morte?

Geralmente é quando tudo está muito bem que nos tornamos mais desatentos e mais negligentes com nossa alma. Achamos que o mal jamais nos atingirá e podemos até nos tornar arrogantes. É nesses momentos que muitos cristãos negam sua fé com palavras ou até por seu comportamento. Trocamos a dependência de Deus pela atenção que conquistamos dos outros.

Perguntas para reflexão

1. Você já fez alguma coisa tola durante um ato de euforia, que lhe traz alguma vergonha? O que foi?

2. Quando você se sente menos próximo a Deus: quando está enfrentando lutas ou quando as coisas estão indo muito bem na sua vida? Por quê?

3. É mais difícil sustentar sua vida de testemunha de Cristo quando todos o estão criticando e rejeitando, ou quando você se sente aceito, apreciado, convidado para festas e ou saídas?

MEDITAÇÃO 20[21]

"Sei viver na... na [...] fartura...".

(Filipenses 4:12)

Há muitos que sabem "viver na necessidade", mas que não aprenderam a "viver na fartura". Quando estão no topo, suas cabeças tonteiam, e elas ficam propensas a cair. Com muito mais frequência o cristão envergonha a sua confissão de fé durante a prosperidade do que na adversidade. Ser próspero é algo perigoso. O fogo da adversidade é um teste menos severo para o cristão do que o conforto da prosperidade. Muitas vezes as misericórdias e dádivas que Deus nos concede provocam o encolhimento de nossa alma e a negligência das coisas espirituais!

No entanto, não precisa ser necessariamente assim, pois o apóstolo nos diz que ele sabia como ter fartura. Quando teve muito, soube como usar. A graça abundante lhe permitiu suportar a prosperidade abundante. Quando a vela de seu barco estava cheia com os bons ventos, o porão estava carregado de muito lastro, então ele pôde navegar em segurança. É preciso mais do que a habilidade humana para conseguir segurar o cálice transbordante de alegrias mortais com mão firme, e Paulo aprendeu essa habilidade. Como ele declara: "Aprendi o segredo de viver em qualquer situação, de estômago cheio ou vazio" (Fl 4:12). É uma lição divina saber como ter fartura, pois os israelitas tiveram abundância, mas enquanto a carne estava em sua boca, a ira de Deus recaiu sobre eles (Nm 11:33).

Muitos têm pedido por bênçãos para poderem satisfazer a ambição de seu próprio coração. A abundância de pão muitas vezes leva à abundância de sangue, e isso leva à devassidão do espírito. Quando temos muito das misericordiosas provisões divinas, com frequência, temos pouco da graça de Deus e pouca gratidão pelas bênçãos recebidas. Estamos fartos e nos esquecemos de Deus: satisfeitos com a Terra, nos contentamos em ficar sem o Céu.

[21]Adaptado de Manhã, 10 de fevereiro.

Tenha certeza de que é mais difícil saber como ter fartura do que saber como passar fome por causa da grande tendência da natureza humana ao orgulho e esquecimento de Deus. Em suas orações, tenha cuidado ao pedir para que Deus o ensine a "viver em fartura".

Deus, que os presentes do Teu amor
Não afastem nossos corações de ti.

Oração

Pai, às vezes admito que desejo coisas que não me farão bem. Outras vezes, desejo coisas boas dessa vida, mas que, se eu não prestar atenção, podem me levar a pecar contra o Senhor. Então, ensine-me a viver os dias de alegria com a mesma firmeza de fé que tenho nos dias tristes. Que a "fartura" da aceitação dos outros não me leve a negociar meu relacionamento com o Senhor. Amém!

Desafio da semana

Faça uma lista de todas as coisas boas que você gostaria de alcançar nessa vida. Pode incluir bens materiais, viagens, sucesso. Nada disso é mau, em si, e não há nada de errado em desejar o bem a si mesmo. Mas, enquanto revisa sua lista, pense se sua atitude ao conquistar todos esses sonhos poderia levá-lo a depender menos de Deus e a se tornar mais autossuficiente. Ore pedindo ao Senhor que você consiga sempre preservar seu bom relacionamento com Ele independentemente do mal ou do bem que você possa ter nessa vida.

> "Quando escrevo, tenho um espelho para a minha alma.

Bônus

Muitas vezes os planos de prosperidade que fazemos para nós se baseiam naquilo que as pessoas, no geral, definem como sucesso. Mas o que é sucesso? Veja a história de uma mulher que foi bem-sucedida na vida, embora não tenha alcançado tudo o que queria. Na verdade, ela teve muito mais!

CUIDADO COM O LEÃO!

Leitura bíblica: 1 Pedro 5:8-9

Estejam atentos! Tomem cuidado com seu grande inimigo, o diabo, que anda como um leão rugindo à sua volta, à procura de alguém para devorar. Permaneçam firmes contra ele e sejam fortes na fé. Lembrem-se de que seus irmãos em Cristo em todo o mundo estão passando pelos mesmos sofrimentos.

Para você entender

A estratégia de caça do leão é interessante. Primeiro, as caçadoras são as fêmeas, pois são mais ágeis e fáceis de se esconder. Normalmente elas atacam em dupla: uma delas se camufla entre arbustos e a outra faz a presa correr na direção da que está oculta. A vítima fica cercada pela frente e por trás. E o horário preferido é ao findar do dia, quando as presas estão mais distraídas.

Todos nascemos com inclinação para o mal, por isso, todos somos tentados. Ser tentado não é o mesmo que pecar. Mas, quando nosso pensamento estiver sendo rodeado pela leoa que atrai a vítima à armadilha, devemos imediatamente pedir ajuda ao Leão da tribo de Judá (Ap 5:5), para que Ele nos afaste do caçador infernal, os demônios. Estar atento é nossa melhor arma de defesa!

Perguntas para reflexão

1. Ao contrário do que afirmam alguns ramos da psicologia e da sociologia, o ser humano não nasce uma folha em branco. Ele nasce com uma programação maligna que nos inclina mais a fazer o mal do que o bem (Rm 3:10-18,23). Sabendo que essa é a sua natureza, que cuidados pensa serem necessários para não ceder à tentação?

2. Sabendo que a tentação começa de dentro para fora (isto é, de nossos desejos ilícitos para a abordagem satânica), como você acha que deve combater para não cair em tentação?

3. Quais os ambientes você acha menos prováveis de lhe oferecer oportunidades para pecar? Existem ambientes seguros contra o pecado?

MEDITAÇÃO 21[22]

"Em seguida, Jesus foi conduzido pelo Espírito ao deserto para ser tentado pelo diabo." (Mateus 4:1)

Um caráter santo não impede a tentação — Jesus foi tentado. Quando Satanás nos tenta, é como fagulhas caindo sobre estopa; mas no caso de Cristo, foram como faíscas impressionantes caindo sobre a água; mesmo assim o inimigo continuou seu trabalho diabólico. Agora, se o diabo continua atacando mesmo quando não há resultados, quanto mais ele fará por conhecer o material inflamável do qual é feito nosso coração! Embora você possa ser santificado pelo Espírito Santo, saiba que o grande cão do inferno ainda latirá para você.

Podemos imaginar que seremos tentados quando estamos naqueles lugares onde o homem se esconde, mas nem mesmo o isolamento irá nos proteger da mesma provação. Jesus Cristo foi afastado da sociedade humana, levado para o deserto e tentado pelo diabo. A solidão tem seus encantos e benefícios, e pode ser útil no controle do desejo intenso por tudo que vemos e do orgulho por nossas realizações e bens (1Jo 2:16); mas o diabo irá nos seguir até os mais adoráveis retiros.

Não suponha que é apenas a mente mundana que tem pensamentos terríveis e tentações blasfemas, pois mesmo pessoas com mentes espirituais enfrentam tal coisa. Até mesmo na posição mais santa podemos sofrer a tentação mais sombria. A maior consagração do espírito não o protegerá contra a tentação satânica. Cristo era consagrado por completo. A Sua fome e sede era fazer a vontade do Pai que o enviou, e ainda assim Ele foi tentado!

O seu coração pode reluzir com o brilho dos serafins de amor por Jesus, e mesmo assim o diabo tentará trazê-lo para a mornidão de Laodiceia (Ap 3:14-21). Se você me disser em que situações Deus permite que um cristão deixe de lado sua armadura (Ef 6:10-18), eu lhe direi quando Satanás deixará de lado a tentação. Como os antigos cavaleiros em tempos de guerra,

[22]Adaptado de Noite, 20 de fevereiro.

precisamos dormir com capacete e com a armadura, pois o arqui-inimigo aproveitará nossa primeira hora de descuido para nos tornar sua presa. Que Senhor nos mantenha vigiando o tempo todo, e nos dê uma fuga final da boca do leão e da pata do urso.

Oração

Senhor, quantas vezes caio em tentação por não prestar a atenção aos desejos ruins que surgem em meu coração! Quantas vezes não consigo perceber o inimigo me rondando e se aproveitando de minha natureza falha para me levar a pecar! Por favor, ajude-me para que eu não seja mais vítima de meus pensamentos e do diabo. Amém!

Desafio da semana

Nesta semana, ore o Salmo 139:23-24 e, à medida que Deus lhe for revelando suas fraquezas quanto ao pecado, peça que Ele o transforme de dentro para fora.

Esse processo não termina em uma semana, um mês, ou mesmo uma década. Lutar contra a tentação será parte de seu cotidiano como filho de Deus. Por isso, não desista quando fracassar. Isso é parte do processo de aprendizagem da vida santa. Lembre-se de que o Senhor tem graça e misericórdia para o perdoar e transformar.

> “Quando escrevo, tenho um espelho para a minha alma.

Bônus

Quando Jesus foi tentado no deserto, o diabo distorceu as Escrituras para levar o Senhor a pecar. Mas Jesus respondeu também usando as Escrituras para se defender (Mt 4:1-11). Com isso, vemos quanto conhecer a Bíblia nos ajuda nos momentos de tentação. Acesse esse plano de leitura bíblica em um ano para o ajudar a evitar o pecado.

ONDE TERMINA O SEU CAMINHO?

Leitura bíblica: Mateus 7:13-14

Entrem pela porta estreita. A estrada que conduz à destruição é ampla, e larga é sua porta, e muitos escolhem esse caminho. Mas a porta para a vida é estreita, e o caminho é difícil, e são poucos os que o encontram.

Para você entender

Há anos, na maratona de Kielder, norte da Inglaterra, o atleta que ficou em terceiro lugar teve de devolver sua medalha de bronze. Motivo: durante o percurso, ele pegou carona com um ônibus de torcedores e depois voltou à corrida já bem adiantado em relação aos demais competidores.

Isso nos mostra que não importa apenas se chegamos ao final do caminho, mas como fizemos o percurso. Na vida cristã não tem como correr no caminho errado, ou com as táticas erradas, e acabar no destino certo. Deus se importa com nossas escolhas de vida e elas, guiadas ou não pela graça divina, nos conduzirão à linha de chegada que lhes corresponde. Aonde seu caminho o está levando?

Perguntas para reflexão

1. Muitos menosprezam a graça e a misericórdia divina e dizem: "Vou viver como eu quiser e, no fim da vida, eu peço perdão e vou para o Céu". Não é assim que funciona com Deus, pois não podemos esconder nossos planos dele. Como você acha que esse tipo de pensamento pode ser prejudicial para nosso destino eterno?

2. Nossa vida é feita de escolhas. Temos muitas encruzilhadas que nos oferecem opções diferentes de caminho, com finais diferentes também. Como podemos receber a orientação de Deus para seguir a direção certa que Ele traçou?

3. É impossível que não façamos escolhas erradas vez ou outra, pelo menos. E elas trazem consequências. Como você pensa que podemos reverter uma decisão errada e retornar ao caminho certo?

MEDITAÇÃO 22[23]

"...Guardarei os meus caminhos...".

(Salmo 39:1 NAA)

Amigo, não diga em seu coração: "irei para lá e para cá, e não pecarei", pois nada o coloca tanto em perigo de pecar quanto se gabar da certeza. A estrada é muito lamacenta, será difícil seguir o caminho sem sujar suas roupas. Este é um mundo de escuridão; você precisará vigiar sempre se, ao lidar com ele, tiver que manter suas mãos limpas. Há um ladrão em cada curva da estrada para roubar suas joias; há uma tentação em cada dádiva; há uma armadilha em cada alegria. E, se você um dia chegar ao Céu, será um milagre da graça divina a ser creditado inteiramente ao poder de seu Pai.

Fique atento. Quando um homem leva uma bomba em suas mãos, ele deve se preocupar em não chegar perto de uma vela; e você também deve tomar cuidado para não cair em tentação. Mesmo suas ações normais são ferramentas afiadas; é preciso saber como lidar com elas. Não há nada neste mundo que ajude a promover a santidade de um cristão, mas tudo coopera para destruí-la. Você deveria estar ansioso por olhar para Deus, para que Ele o sustente!

Sua oração deveria ser: "Sustenta-me e serei salvo" (Sl 119:117). Depois de ter orado, você deve também vigiar, cuidando de cada pensamento, palavra e ação com zelo santo. Não se exponha desnecessariamente, mas se for chamado a se expor, se for enviado para onde os dardos estão voando, nunca se aventure sem seu escudo; pois, uma vez que o diabo o encontre sem sua armadura, ele comemorará a chegada da hora de triunfo dele, e logo fará você cair ferido por suas flechas. Você não pode ser morto, mas pode ser ferido. "Estejam atentos e tomem cuidado" (1Pe 5:8) porque o perigo pode vir numa hora em que tudo pareça estar seguro.

[23]Adaptado de Noite, 14 de março.

Por isso, cuide de seus caminhos e vigie em oração. Nenhum homem jamais caiu no erro enquanto estava muito alerta. Que o Espírito Santo nos guie em todos os nossos caminhos, para que todos eles sempre agradem ao Senhor.

Oração

Pai, se eu for bem sincero, vou ter de admitir que é mais fácil seguir o curso da humanidade perdida e não me importar com o caminho que escolho ou com o quanto posso me sujar enquanto o percorro. É mais difícil andar em um caminho apertado e cheio de armadilhas, mas peço que a Sua graça me ajude a percorrer essa trilha com perseverança até eu chegar ao destino celestial. Amém!

Desafio da semana

> “Quando escrevo, tenho um espelho para a minha alma.

Nesta semana faça uma avaliação de suas últimas escolhas. Suas palavras foram as melhores? Seus pensamentos o levaram para Deus? Suas ações comprovaram que você é filho dele? Os lugares onde esteve foram adequados a um cristão? E seus sentimentos a respeito de si e dos outros foram respeitosos?

Depois, escreva seu compromisso em depender da graça para mudar e tenha paciência enquanto Deus trabalha nisso. Você é uma obra em andamento nas mãos do Senhor!

Bônus

Você já ouviu falar do livro de segundas opiniões? É um livro que nos diz tudo o que queremos ouvir, mas nunca a verdade, e nos leva para o caminho errado. Acesse o *QR Code* para conferir uma música que fala a respeito disso.

UMA VIDA DE EMPENHO

Leitura bíblica: 1 Coríntios 15:56-58

O pecado é o aguilhão da morte que nos fere [...]. Mas graças a Deus, que nos dá vitória sobre o pecado e sobre a morte por meio de nosso Senhor Jesus Cristo!

Portanto, meus amados irmãos, sejam fortes e firmes. Trabalhem sempre para o Senhor com entusiasmo, pois vocês sabem que nada do que fazem para o Senhor é inútil.

Para você entender

Qual a melhor forma de se evitar a doença? Investindo na saúde: alimentando-se de modo saudável, fazendo exercícios, tendo tempo de lazer ou descanso e fazendo acompanhamentos médicos regulares. Tudo isso requer tempo e esforço. Da mesma forma, para ter sucesso nos estudos ou trabalho é necessário ter muita disciplina.

Na vida espiritual não poderia ser diferente. Se você deseja ser vencedor, deve empenhar-se em dar seu melhor nos exercícios que o aproximarão de Deus. Quanto melhor for a sua semente e quanto mais semear, maior a chance de ter uma colheita de frutos espirituais que vão lhe trazer alegria sem fim e glorificar o Senhor. Não há nada nesse mundo que possa roubar ou corromper esse tipo de riqueza.

Perguntas para reflexão

1. Como você definiria uma pessoa próspera espiritualmente? Consegue lembrar de alguém, do presente ou até do passado, que você considere assim?

2. Você costuma traçar alvos para a sua vida espiritual? Onde pretende estar em seu relacionamento com Deus em dois anos, por exemplo? O que planeja fazer, ou já está fazendo, para chegar lá?

3. Quais os resultados práticos na vida de uma pessoa espiritualmente bem-sucedida? Ela fica livre da tentação? Se não, por que, mesmo assim, ela pode ser considerada bem-sucedida?

MEDITAÇÃO 23[24]

"...em seus esforços para obedecer à lei e aos mandamentos de Deus, Ezequias buscou seu Deus de todo o coração. Como resultado, foi muito bem-sucedido." (2 Crônicas 31:21)

Isto não é incomum; é a regra geral do universo moral: os homens prósperos fazem seu trabalho com todo o coração, enquanto aqueles que vão trabalhar deixando o coração distante quase certamente falham. Deus não dá colheitas a homens ociosos, a não ser colheitas de espinhos. Nem Ele se agrada em mandar riqueza àqueles que não cavam o campo para encontrar seu tesouro escondido (Mt 13:44).

É de conhecimento universal que, se um homem quiser prosperar, precisa ser diligente nos negócios. O mesmo acontece no relacionamento com Deus, bem como em outras áreas. Se você quiser prosperar em sua obra para Jesus, deixe o *coração* trabalhar, e que seja feito com *todo* o seu coração. Coloque mais força, energia, sinceridade e fervor na religião do que jamais colocou nas demais coisas, pois ela merece muito mais. O Espírito Santo ajuda nas nossas fraquezas, mas Ele não encoraja nossa ociosidade; Ele ama cristãos ativos.

Quem são as pessoas mais úteis na igreja cristã? Aquelas que fazem o que se comprometeram a fazer para Deus com todo o coração. Quem são os mais bem-sucedidos professores da Escola Dominical? Os que são mais talentosos? Não; os mais disciplinados, aqueles cujo coração vibra; os que veem o seu Senhor seguindo à frente prosperamente na majestade de Sua salvação. A inteireza de coração se demonstra na perseverança; ela pode falhar no início, mas o trabalhador disciplinado dirá: "É o trabalho do Senhor, e precisa ser feito. Meu Senhor me designou para fazer isso e em Sua força vou realizá-lo".

Você está "de todo coração" servindo ao seu Mestre? Lembre-se do zelo de Jesus! Pense em como Seu trabalho era de coração! Ele poderia dizer:

[24]Adaptado de Noite, 15 de março.

"o zelo por tua casa me consome" (Sl 69:9). Enquanto Suas gotas de sangue caíam, o fardo que aqueles ombros abençoados tiveram que carregar não foi leve; e quando Ele derramou Seu coração, não era um fraco esforço que Ele estava fazendo pela salvação de Seu povo. Jesus foi fervoroso, como poderemos nós ser mornos?

Oração

Senhor Deus, eu desejo muito aprender a vencer a tentação. Mas normalmente há outros desejos que eu coloco como prioridade. Reconheço que falho em meu relacionamento com o Senhor por não colocar todo o meu coração em buscar a fazer a Sua vontade. Mas obrigado porque, mesmo assim, o Senhor não deixa de me amar e de vir ao meu encontro para me mostrar o caminho certo! Amém!

Desafio da semana

Durante esta semana, anote em seu caderno as responsabilidades que você tem em casa, na escola, no estágio (se já estiver trabalhando). Avalie quanto disso você faz da melhor forma possível, como se estivesse trabalhando para Deus. Avalie também como está sua disposição de coração quando ora, lê a Bíblia ou vai para a igreja.

> "Quando escrevo, tenho um espelho para a minha alma."

Bônus

Para aprofundar seu relacionamento com Deus, você precisa investir seus esforços para que haja crescimento. Assista a este vídeo e veja algumas dicas para crescer espiritualmente.

O PERIGO DO ORGULHO ESPIRITUAL

Leitura bíblica: 1 Coríntios 10:12-13

Portanto, se vocês pensam que estão de pé, cuidem para que não caiam. As tentações em sua vida não são diferentes daquelas que outros enfrentaram. Deus é fiel, e ele não permitirá tentações maiores do que vocês podem suportar. Quando forem tentados, ele mostrará uma saída para que consigam resistir.

Para você entender

Os sentimentos de autoconfiança e segurança não são maus em si. Na realidade, todos precisamos uma dose deles para poder exercer nossas atividades do dia a dia. O problema é quando esses sentimentos nos levam à arrogância de achar que somos autossuficientes e melhores do que os outros.

Isso é ainda pior quando confiamos em nós mesmos para manter nosso relacionamento com Deus. Já falamos várias vezes da inclinação de nosso coração ao mal. Se deixarmos de ser vigilantes, se desprezarmos as artimanhas de nosso adversário espiritual, se relaxarmos na luta contra a nossa própria carnalidade, correremos o sério risco de nos afastar de Deus e cair em pecado. O segredo é ter os olhos espirituais sempre atentos, ser realista com suas fraquezas e depender do Espírito Santo para prosseguir crescendo na fé.

Perguntas para reflexão

1. Quando, em uma competição de equipe, menosprezamos a habilidade e estratégia do time adversário e nos baseamos apenas em nossas últimas vitórias, há um perigo muito grande de perdermos de goleada. Estamos tão focados em nós mesmos, que somos pegos de surpresa pelas "jogadas" do outro time. Como você acha que esse princípio se aplica em nossa luta contra o pecado?

2. Qual é a estratégia para estarmos sempre prontos para o combate contra os poderes das trevas e contra nossa natureza pecaminosa?

3. Em Lucas 18:9-14, Jesus conta uma parábola sobre dois homens orando. Leia essa passagem e explique, com suas palavras, por que Jesus disse que o cobrador de impostos, apesar de todos os seus erros, era justificado diante de Deus, e o fariseu não?

MEDITAÇÃO 24[25]

"Portanto, se vocês pensam que estão de pé, cuidem para que não caiam." (1 Coríntios 10:12)

É curioso que possa haver algo como o orgulho da graça. Alguém diz: "Tenho grande fé, não cairei; se eu tivesse uma fé pequena, poderia tombar, mas eu jamais tombarei". "Tenho amor fervoroso", diz outro, "posso suportar qualquer coisa, não há perigo que me desvie". Aquele que se gaba da graça, tem pouca graça para se orgulhar. Alguns, que o fazem, acham que suas virtudes podem sustentá-los. Mas não sabem que o fluxo deve brotar constantemente da fonte, ou, do contrário, o poço logo secará.

Se um fluxo contínuo de óleo não chegar ao lampião, ele brilhará hoje, mas soltará fumaça amanhã, e seu aroma será nocivo. Tome cuidado para não se vangloriar de suas virtudes, mas deixe que todo o seu louvor e confiança estejam em Cristo e em Sua força, pois apenas isso evitará sua queda. Ore mais. Invista mais tempo em santa adoração. Leia as Escrituras com mais fervor e constância. Tenha mais cuidado com sua vida. Viva mais perto de Deus. Escolha os melhores exemplos para seu comportamento. Que sua conversa tenha o aroma do Céu. Que seu coração seja perfumado com afeição pela alma dos homens. Então viva para que eles saibam que você está com Jesus, que aprendeu com Ele. Assim, quando aquele feliz dia chegar, quando Aquele que você ama disser: "Suba para cá", que você possa ter a felicidade de ouvi-lo dizer: "Você lutou o bom combate, terminou a corrida, e agora receba a coroa da justiça que não desaparecerá" (2Tm 4:7).

Siga em frente, com cuidado e atenção! Siga, com temor e tremor santo! Siga, com fé e confiança apenas em Jesus, e que sua constante súplica seja: "Ampare-me, segundo a Sua promessa". Ele, e somente Ele é capaz de "guardá-los de cair e para levá-los, com grande alegria e sem defeito, à sua presença gloriosa" (Jd 1:24).

---

[25]Adaptado de Manhã, 14 de março.

Oração

Senhor Deus, agradeço-lhe o constante amparo quando a minha fé no Senhor fraqueja porque eu começo a me achar muito bom. Reconheço que essa é mais uma armadilha que a minha carnalidade prepara para mim e que o diabo se aproveita disso. Peço que o Senhor me ajude a ser mais atento para que eu não deixe de depender da Sua mão em momento algum. Amém!

Desafio da semana

Leia Apocalipse 2–3. Nesses dois capítulos se encontram as cartas às sete igrejas da Ásia. Escolha uma versão bíblica mais fácil de entender. Praticamente todas elas tinham qualidades e fraquezas. Faça uma tabela com os nomes das igrejas, seus pontos fortes e fracos e quais as recomendações de Jesus. Escreva como isso se aplica à sua vida.

> "Quando escrevo, tenho um espelho para a minha alma."

Bônus

Você já ouviu falar de "pecados de estimação"? No vídeo de hoje, eles são explicados e ensina-se como vencê-los.

E QUANDO EU CAIR?

Leitura bíblica: Efésios 1:3-8

Todo louvor seja a Deus, o Pai de nosso Senhor Jesus Cristo, que nos abençoou em Cristo com todas as bênçãos espirituais nos domínios celestiais. Mesmo antes de criar o mundo, Deus nos amou e nos escolheu em Cristo para sermos santos e sem culpa diante dele. Ele nos predestinou para si, para nos adotar como filhos por meio de Jesus Cristo, conforme o bom propósito de sua vontade. Deus assim o fez para o louvor de sua graça gloriosa, que ele derramou sobre nós em seu Filho amado. Ele é tão rico em graça que comprou nossa liberdade com o sangue de seu Filho e perdoou nossos pecados. Generosamente, derramou sua graça sobre nós e, com ela, toda sabedoria e todo entendimento.

Para você entender

A questão sobre ceder à tentação não é "se cairemos", mas "quando cairemos". Pecamos por palavras, pensamentos e ações. Pecamos até quando deixamos de fazer o que deveria ser feito. Essa é uma situação comum até à pessoa mais santa que conhecemos. Com exceção de Jesus, todo ser humano falha em uma coisa ou outra, em um momento ou outro.

Entretanto, devemos lidar com as nossas quedas se quisermos aprender com elas. Simplesmente admitir que erramos não é o suficiente. É preciso arrependimento, confissão e desejo genuíno de abandonar o pecado para que aprendamos a evitar tudo o que nos provoca. Mas, mesmo tudo isso, se não for acompanhado pela graça e perdão divinos, não nos leva à santificação. Essa é uma obra do Espírito em nós, possibilitada pela morte e ressurreição de Jesus.

Perguntas para reflexão

1. Não existe a garantia ou a certeza de que nunca mais pecaremos nesta vida, e isso pode ser frustrante. Como ter a certeza do perdão de Deus quando pecamos?

2. Como podemos ter a certeza de que o amor de Deus por nós não muda mesmo quando caímos em tentação? De onde vem o merecimento para podermos nos aproximar dele sem temor, mesmo quando falhamos?

3. Qual o caminho de volta depois de um fracasso espiritual após termos pecado?

MEDITAÇÃO 25[26]

"Todos nós andávamos desgarrados como ovelhas; cada um se desviava pelo seu próprio caminho, mas o SENHOR fez cair sobre ele a iniquidade de todos nós." (Isaías 53:6 NAA)

Aqui está uma confissão de pecado *comum* a todo o povo eleito de Deus. Todos caíram e, portanto, num grande coro dizem, desde o primeiro que entrou no Céu, até o último que lá chegará: "Todos nós andávamos desgarrados como ovelhas". Essa confissão, embora unânime, é também *especial* e individual: "Cada um se desviava pelo seu próprio caminho". Há uma pecaminosidade peculiar sobre cada um dos indivíduos; todos são juntamente pecaminosos, mas cada qual tem algum agravamento especial que não é encontrado no outro.

É a marca do arrependimento genuíno que, ao mesmo tempo que alguém se associa naturalmente a outros penitentes, também assume uma posição solitária. "Cada um se desviava pelo seu próprio caminho" é uma confissão de que cada homem pecou contra a luz de uma forma individual, ou pecou com um agravamento que não conseguiu perceber em outros. Esta confissão é *sem reservas*; não há uma palavra que deprecie sua força, nem uma sílaba que a desculpe.

A confissão é um abrir mão de todos os apelos à justiça própria. É uma declaração dos homens que têm consciência culpada — culpa com agravantes, culpa sem desculpa. Eles se erguem com suas armas de rebelião aos pedaços e clamam: "Todos nós andávamos desgarrados como ovelhas; cada um se desviava pelo seu próprio caminho".

No entanto, não ouvimos gemidos dolorosos respondendo a essa confissão de pecado; pois a sua continuação faz dela quase uma canção: "mas o SENHOR fez cair sobre ele a iniquidade de todos nós". É essa parte mais dolorosa do versículo, mas ela transborda de consolo. É estranho como, onde a angústia está concentrada, a misericórdia reina; onde

[26]Adaptado de Noite, 3 de abril.

a tristeza alcançou seu ápice, almas cansadas encontram descanso. O Salvador ferido é a cura dos corações feridos. Veja como o mais humilde arrependimento dá lugar à confiança segura por meio da simples contemplação de Cristo na cruz!

Oração

Querido Pai, confesso ao Senhor que eu com frequência me desvio pelo meu próprio caminho. Tomo decisões erradas que desagradam ao Senhor, e me envergonho muito disso. Mas não deixe que isso venha a me fazer sentir um fracasso. Jesus foi um sucesso em Sua missão para que eu dependesse dele para cada vez que eu cair poder me levantar. Que essa seja a minha confiança de perdão e recuperação depois da queda. Amém!

Desafio da semana

Esta semana será uma semana especial de oração. A cada dia ore para que Deus lhe dê forças para resistir à tentação. Se você pecar e logo sentir o toque do Espírito Santo, peça perdão imediatamente. Se pecou contra outra pessoa, não se negue a pedir perdão a ela. Todas as noites termine seu dia pedindo perdão por seus pecados, citando todos os que se lembrar. Reconhecer seu erro é um grande passo para aprender a depender de Deus.

“Quando escrevo, tenho um espelho para a minha alma.

Bônus

Uma das formas de conhecermos o pensamento de Deus e o que Ele define como certo e errado é fazermos nosso devocional diariamente. Isso inunda nossa mente com a mensagem de Deus e nos ajuda a preservar nosso pensamento daquilo que é errado. Aqui está um *podcast* com dicas de como fazer devocional.

APRENDENDO A VENCER

Leitura bíblica: Gálatas 3:3-7

Será que perderam o juízo? Tendo começado no Espírito, por que agora procuram tornar-se perfeitos por seus próprios esforços? Será que foi à toa que passaram por tantos sofrimentos? É claro que não foi à toa! Volto a perguntar: acaso aquele que lhes deu o Espírito e realizou milagres entre vocês agiu assim porque vocês obedeceram à lei ou porque creram na mensagem que ouviram? Da mesma forma, "Abraão creu em Deus, e assim foi considerado justo". Logo, os verdadeiros filhos de Abraão são aqueles que creem.

Para você entender

Quando o anjo de Deus anunciou a José que Maria estava grávida pelo Espírito Santo, ele definiu como deveria ser o nome do bebê: Jesus, que quer dizer "O Senhor salva" (Mt 1:20-21). Mas muitas pessoas não conseguem entender a amplitude da salvação que Jesus trouxe. Não é apenas salvação da condenação ao inferno. É salvação de nossa própria natureza pecaminosa: porque Cristo morreu levando sobre si os nossos pecados, somos libertos do poder que esse pecado tem sobre nós.

Algumas pessoas, sem entender isso, pensam que precisam fazer boas obras para apaziguar o coração de Deus, ofendido pelo pecado delas. Isso é um erro! A única coisa que trouxe paz entre nós e o Pai foi a morte do Filho em nosso lugar. As boas obras não são o meio de nos aproximarmos de Deus, mas a consequência de andarmos perto dele.

Perguntas para reflexão

1. Se você levar uma multa de trânsito por atravessar um sinal vermelho, quantas vezes vai ter de passar pelo sinal verde para anular a sua multa? Você percebe, com essa analogia, que nenhum ato de bondade compensa um pecado? Qual é a única forma de compensarmos nosso pecado diante de Deus?

2. Podemos criar disciplinas rígidas para nosso corpo e mente: viver em isolamento, nos autoflagelarmos, nos afastarmos de ambientes não cristãos… mas nada disso vai nos ajudar a não pecar. Qual o único meio de vencermos nossa tendência a fazer o que é errado?

3. Por que tentar justificar-se com boas obras desagrada a Deus?

MEDITAÇÃO 26[27]

"Mas, apesar de tudo isso, somos mais que vencedores por meio daquele que nos amou." (Romanos 8:37)

Vamos até Cristo para obter perdão, e depois, com muita frequência, olhamos para a Lei buscando poder para lutar contra nossos pecados. Paulo nos repreende: "Ó gálatas insensatos! Quem os enfeitiçou? Jesus Cristo não lhes foi explicado tão claramente como se tivessem visto com os próprios olhos a morte dele na cruz? Deixem-me perguntar apenas uma coisa: vocês receberam o Espírito porque obedeceram à lei ou porque creram na mensagem que ouviram? Será que perderam o juízo? Tendo começado no Espírito, por que agora procuram tornar-se perfeitos por seus próprios esforços?" (Gl 3:1-3). Leve seus pecados para a cruz de Cristo, pois nossa velha natureza humana foi crucificada lá: somos crucificados com Ele (Rm 6:6).

A única arma para lutar contra o pecado é a lança que perfurou o lado de Jesus. Para ilustrar: se você quer vencer um temperamento irritadiço, como vai trabalhar isso? É bem possível que nunca tenha tentado o caminho certo: submetê-lo a Jesus. Como fui salvo? Eu vim até Jesus como estava e confiei nele para me salvar. Preciso crucificar meu temperamento raivoso da mesma forma? Essa é a única maneira de fazê-lo. Preciso ir até a cruz com ele e dizer a Jesus: "Senhor, confio em ti para me libertar disso". Esse é o único caminho para desferir um golpe mortal. Você é ganancioso? Sente que o mundo o envolve? Você pode lutar contra esse mal o quanto quiser, mas, se o seu pecado for constante, nunca se libertará dele de forma alguma a não ser pelo sangue de Jesus. Leve-o a Cristo. Diga a Ele: "Senhor, eu creio em ti, e Teu nome é Jesus, pois salvaste o Teu povo de seus pecados. Senhor, este é um dos meus pecados; salva-me dele!".

Os mandamentos não são nada sem ter em Cristo um meio de mortificação. Suas orações, seus arrependimentos e suas lágrimas — todos

[27]Adaptado de Manhã, 23 de abril.

juntos — não valem nada se você estiver longe dele. "Ninguém, além de Jesus, pode tornar pecadores desamparados — ou até mesmo santos desamparados — em boas pessoas". Você precisa ser vencedor por meio daquele que o amou; ser vencedor em tudo.

Oração

Pai amado, já empenhei meus melhores esforços para tentar combater o pecado que há em mim. Já tentei até compensar o meu mal fazendo o bem, mas percebi que um acerto não consegue apagar um erro. Por isso, me ajude a vencer em Jesus aquelas minhas tendências que desagradam o Senhor e desonram o Seu nome. Sou grato por Seu amor constante e por Sua fidelidade em me apoiar nessa minha necessidade! Amém!

Desafio da semana

Nesta semana, cada vez que você se sentir tentado a tratar alguém com raiva ou desrespeito; a falar uma mentira ou contar uma fofoca; cada vez que se sentir inclinado a ler, ouvir ou assistir algo que você sabe que lhe faz mal, ou qualquer coisa que faça parte daquele seu ponto fraco, submeta-se a Jesus exatamente na hora da tentação. Ore para que tal desejo mau morra com Ele na cruz e que Ele o ajude a não fracassar em sua luta contra a tentação.

> "Quando escrevo, tenho um espelho para a minha alma.

Bônus

Na Páscoa, celebramos a nossa libertação do pecado por meio do sacrifício de Jesus na cruz. Talvez essa sua leitura coincida com essa época do ano, mas independentemente do calendário, o plano de leitura ao lado vai lhe ajudar a entender essa obra de paz entre nós e Deus, que só foi concretizada na morte e ressurreição de Cristo.

Parte 4

Desejando a pureza cristã

O tema "pureza" é um tabu na sociedade quando se relaciona à conduta de uma pessoa. E isso não é de agora. Sempre foi assim! Queremos ar puro, água pura, alimentos puros, mas nossa vida pode se contaminar com toda sorte de imundície.

A pureza de conduta é vista como fraqueza, como falta de inteligência ou falta de esperteza. É vista como submissão a tudo e a todos. No entanto, quem é o nadador mais hábil e forte: aquele que segue o fluxo da maré, ou o que tem de lutar contra ela? Qual dos dois precisa traçar melhores estratégias para completar o circuito proposto? Fácil saber, não é? Da mesma forma que os exercícios físicos que envolvem maior esforço contra forças contrárias nos fazem mais fortes e resistentes, exercitar-se espiritualmente contra o poder do pecado que habita em nós nos torna mais preparados para enfrentar o mal.

Desejar a pureza é o primeiro passo. A maioria dos cristãos não tem esse como um alvo de vida. Querem saber mais, ensinar e discipular melhor, ser mais persuasivos e influentes, porém não desejam honestamente se destacar em santidade. Por isso, gostaríamos de lhe propor a traçar este como um alvo para sua caminhada cristã: ser mais parecido com Cristo. Isso não lhe fará impecável, pois você vai falhar muitas vezes antes de acertar, mas precisa ter a determinação de prosseguir com o exercício. Aqui está a recomendação de Paulo ao jovem pastor Timóteo: "Exercite-se, pessoalmente, na piedade. Pois o exercício físico tem algum valor, mas a piedade tem valor para tudo, porque tem a promessa da vida que agora é e da que há de vir" (1Tm 4:7-8 NAA).

E a boa notícia é que você não fará isso sozinho. Terá a ajuda do Espírito Santo em todo o processo. Tudo o que precisa é submeter a Ele, cada dia mais, seus pensamentos e vontades.

Topa esse desafio? Ele tem recompensa que começa aqui e continua na eternidade!

A BALANÇA ENTRE SOFRIMENTOS E PECADOS

Leitura bíblica: Salmo 25:4-7,12-15,18

Mostra-me o caminho certo, SENHOR, ensina-me por onde devo andar. Guia-me pela tua verdade e ensina-me, pois és o Deus que me salva; em ti ponho minha esperança todo o dia. Lembra-te, SENHOR, de tua compaixão e de teu amor, que tens mostrado desde tempos antigos. Não te lembres dos pecados e da rebeldia de minha juventude; lembra-te de mim segundo o teu amor, pois és misericordioso, ó SENHOR. Por causa do teu nome, ó SENHOR, perdoa meus pecados, que são muitos. [...]

Quem são os que temem o SENHOR? Ele lhes mostrará o caminho que devem escolher. Viverão em prosperidade, e seus filhos herdarão a terra. O SENHOR é amigo dos que o temem; ele lhes ensina sua aliança. Meus olhos estão sempre voltados para o SENHOR, pois ele livra meus pés de armadilhas. [...]

Atenta para minha dor e para meu sofrimento; perdoa todos os meus pecados.

Para você entender

Um dos grandes temas de nossas orações é o sofrimento, quer nosso, quer de quem nos cerca. E isso é bom e justo. Devemos levá-lo ao Senhor não apenas pedindo pela solução dessas situações difíceis, mas também que Ele trate nossos sentimentos durante esse período.

No entanto, nem sempre demonstramos o mesmo empenho quando pedimos perdão pelos pecados. Quando desejamos a pureza, mencionar nominalmente nossos pecados do dia diante de Deus nos ajudará a ver em que área Ele ainda precisa trabalhar em nós. Isso também nos manterá alertas na próxima vez que a tentação se apresentar. A melhor forma de vencer o pecado é reconhecer quais os que nos são mais comuns.

Perguntas para reflexão

1. A confissão de pecados é prática antiga da Igreja — tanto a Deus, como uns aos outros. Quando foi a última vez que você praticou esse exercício em oração? Quando foi a última vez que você confessou ao seu próximo o seu erro?

2. Por que você acha que mencionar os pecados diante de Deus é um bom exercício espiritual? Como você se sente quando faz isso?

3. Sabendo que Deus é misericordioso e cheio de graça para perdoar, por que você acha que tendemos evitar a conversar com Ele honestamente sobre aquelas áreas em que fracassamos espiritualmente?

MEDITAÇÃO 27[28]

"Atenta para minha dor e para meu sofrimento; perdoa todos os meus pecados." (Salmo 25:18)

É bom quando as orações sobre nossas aflições estão, ao mesmo tempo, ligadas às súplicas relacionadas aos nossos pecados; quando, estando sob a mão de Deus, não nos deixamos ser totalmente tomados por nossa dor, mas também lembramos de nossas ofensas contra o Senhor.

Também é bom levar tanto o sofrimento quanto o pecado ao mesmo lugar. Foi a Deus que Davi levou sua aflição, foi a Deus que Davi confessou seu pecado (Sl 32, 51). Veja, então, que devemos levar nossas dores ao Senhor. Mesmo as que forem pequenas devem ser levadas a Deus, pois Ele conhece cada cabelo de sua cabeça (Lc 12:7); e você deve entregar ao Senhor os grandes sofrimentos, pois Ele tem o oceano na palma de Sua mão. Vá a Ele, seja qual for seu problema atual, e você o encontrará disposto e desejoso para aliviá-lo. Mas precisamos levar nossos pecados a Deus também. Devemos levá-los até a cruz, para que o sangue de Cristo caia sobre eles, a fim de remover sua culpa e destruir o poder de corrupção que há no pecado.

A lição especial do texto é esta: que devemos ir ao Senhor com nossas dores e pecados com a disposição correta. Note que tudo o que Davi pede sobre suas aflições é: "Atenta para minha dor e para meu sofrimento", mas a súplica seguinte é muito mais expressiva, definitiva, decidida e plena — "Perdoa todos os meus pecados". Muitos sofredores teriam colocado assim: "Remova minhas dores e meu sofrimento, e atente aos meus pecados". Mas não foi assim que Davi fez. Ele clamou: "Senhor, quanto às minhas aflições e sofrimentos, não vou determinar a Sua sabedoria. Senhor, atente para eles, vou deixá-los em Suas mãos. Eu ficaria feliz em ter meu sofrimento removido, mas faça segundo a

[28]Adaptado de Noite, 11 de abril.

Sua vontade. Porém, quanto aos meus pecados, Senhor, sei o que quero: preciso que eles sejam perdoados; não posso suportar cair nem mais um momento por causa da maldição que eles trazem". Numa balança, um cristão considera as suas dores mais leves do que o pecado; ele pode suportar que seus problemas continuem, mas não pode aguentar o fardo de suas transgressões.

Oração

Querido Deus, hoje quero chegar diante do Senhor pedindo que eu tenha a humildade de confessar ao Senhor, um por um, os meus pecados. Ajude-me a entender que se eu abrir meu coração também nessa área diante do Senhor, serei liberto da culpa e receberei a paz que somente o Seu perdão pode trazer.

Desafio da semana

Durante os próximos dias, chegue diante de Deus contando sobre seus fracassos do dia: uma palavra ofensiva, gritaria, ter ignorado alguém, alimentar pensamentos impuros, alimentar a raiva, ter cedido a algo na área sexual, pelos vídeos ou *posts* que você vê e o estimulam a pecar. Peça que Ele o alivie da culpa e o ajude a vencer da próxima vez que se vir diante da mesma situação.

> "Quando escrevo, tenho um espelho para a minha alma."

Lembre-se: Deus é misericordioso e está sempre mais perto daqueles que se humilham diante dele reconhecendo seus erros.

Bônus

Assista à conversa descontraída entre os pastores Jeremias Pereira e Hernandes Dias Lopes sobre esse assunto sério que é a confissão de pecados e a explicação do porquê isso é saudável para a vida espiritual.

UM FILHO, NÃO UM RÉU

Leitura bíblica: Lucas 15:11-24

Jesus continuou: "Um homem tinha dois filhos. O filho mais jovem disse ao pai: 'Quero a minha parte da herança', e o pai dividiu seus bens entre os filhos.

"Alguns dias depois, o filho mais jovem arrumou suas coisas e se mudou para uma terra distante, onde desperdiçou tudo que tinha por viver de forma desregrada. Quando seu dinheiro acabou, uma grande fome se espalhou pela terra, e ele começou a passar necessidade. Convenceu um fazendeiro da região a empregá-lo, e esse homem o mandou a seus campos para cuidar dos porcos. Embora quisesse saciar a fome com as vagens dadas aos porcos, ninguém lhe dava coisa alguma.

"Quando finalmente caiu em si, disse: 'Até os empregados de meu pai têm comida de sobra, e eu estou aqui, morrendo de fome. Vou retornar à casa de meu pai e dizer: Pai, pequei contra o céu e contra o senhor, e não sou mais digno de ser chamado seu filho. Por favor, trate-me como seu empregado'.

"Então voltou para a casa de seu pai. Quando ele ainda estava longe, seu pai o viu. Cheio de compaixão, correu para o filho, o abraçou e o beijou. O filho disse: 'Pai, pequei contra o céu e contra o senhor, e não sou mais digno de ser chamado seu filho'. O pai, no entanto, disse aos servos: 'Depressa! Tragam a melhor roupa da casa e vistam nele. Coloquem-lhe um anel no dedo e sandálias nos pés. Matem o novilho gordo. Faremos um banquete e celebraremos, pois este meu filho estava morto e voltou à vida. Estava perdido e foi achado!'. E começaram a festejar."

Para você entender

Deus é onisciente, Ele sabe de tudo o tempo todo no Universo inteiro e no Céu, onde Ele habita. Como diz Davi no Salmo 139: O Senhor vê nosso interior e exterior, Ele acompanha nossa rotina, sabe aonde vamos e o que fazemos nesses lugares, conhece nossa palavra sem que a tenhamos pronunciado. Deus sabe onde erramos e onde acertamos. E mesmo assim não deixa de nos amar.

No entanto, a porta de entrada para um relacionamento mais profundo com a paternidade do Senhor está no reconhecimento de nossa situação de pecadores. Muitos conhecem Deus como um Juiz, e Ele é mesmo Juiz. Mas poucos o conhecem como um Pai de amor, que corrige a quem ama e está sempre de braços abertos ao arrependido. Ele é um Pai capaz de entregar Seu Filho Jesus para que possamos ser adotados e libertos da condenação do pecado.

Perguntas para reflexão

1. Se Deus já conhece todas as nossas ações e pensamentos, e se já fomos perdoados pelo sacrifício de Jesus na cruz, por que confessar nossos pecados a Ele?

2. Como você se sente em relação a Deus quando você comete pecado? Como acha que Ele o vê e trata?

3. Lembre-se de sua infância e de quando você desobedecia a seus pais e sofria as consequências. Agora pense em uma pessoa acusada de um crime e sentada no banco dos réus em um tribunal. Qual a diferença entre confessar seus pecados a Deus como um réu culpado e como um filho culpado? Qual a diferença na motivação para a confissão de ambos?

MEDITAÇÃO 28[29]

"...Pai, pequei...".

(Lucas 15:18)

É verdade que aqueles que foram lavados pelo precioso sangue de Cristo não precisam fazer uma confissão de pecado como culpados ou criminosos perante Deus, o Juiz. Cristo já levou todos os seus pecados num sentido jurídico, para que vocês não estejam mais na posição de condenados, mas de uma vez por todas, sejam aceitos no Amado. Porém, depois de terem se tornado filhos, e transgressores como filhos, não deveriam ir diante de seu Pai Celeste todos os dias, confessar seus pecados e reconhecer sua maldade neste sentido?

É dever dos filhos que erram confessarem ao seu pai terreno, e a graça de Deus no coração nos ensina que nós, como cristãos, temos a mesma obrigação com nosso Pai celestial. Pecamos diariamente e não devemos ir descansar sem o perdão diário. Pois, qual seria a consequência se minhas transgressões contra meu Pai não fossem levadas de uma vez a Ele para serem lavadas pelo poder purificador do Senhor Jesus?

Se eu não buscar perdão e for lavado destes pecados contra meu Pai, me sentirei distante dele; duvidarei de Seu amor por mim; tremerei perante Ele; terei medo de orar. Serei como o filho pródigo que, embora ainda filho, se afastou de seu pai. Mas, se eu for até Ele, com a tristeza de um filho que pecou contra um Pai tão gracioso e amoroso, e contar tudo, e não descansar até entender que fui perdoado, então sentirei o santo amor de meu Pai e seguirei minha carreira cristã não apenas como salvo, mas como alguém que desfruta a paz em Deus, por meio de Jesus Cristo, meu Senhor.

Há uma enorme diferença entre confessar o pecado como *um culpado*, e confessar o pecado como *um filho*. O abraço do Pai é um lugar seguro para as confissões dos arrependidos. Jesus disse: "A pessoa que tomou

[29]Adaptado de Noite, 18 de fevereiro.

banho completo só precisa lavar os pés para ficar totalmente limpa. E vocês estão limpos…" (Jo 13:10). Fomos limpos de uma vez por todas, mas nossos pés ainda precisam ser lavados da sujeira de nossa caminhada diária como filhos de Deus.

Oração

Querido Pai de amor, o Senhor já viu tudo o que fiz, falei e pensei, e nem por isso deixou de me amar. Que eu aprenda a confiar nessa Sua graça que não só me perdoa, mas também me ajuda a vencer meus pecados pessoais, me tornando mais puro. Que eu me aproxime do Senhor como um filho arrependido, pronto a receber perdão e restauração.

Desafio da semana

Nesta semana, seu desafio é abrir seu coração a Deus acerca de seus pecados, mas fazendo-o como um filho que chega diante do Pai para falar de um fracasso pessoal. Peça a Ele que lave seus pés da sujeira que acumulou durante o dia e para que Ele o mantenha sempre livre da condenação por meio do sacrifício de Jesus na cruz.

> "Quando escrevo, tenho um espelho para a minha alma.

Bônus

Baixe, gratuitamente, uma leitura extraída de *Hábitos saudáveis para o crescimento espiritual*, de Luis Palau, e veja o que a Bíblia fala, de forma bem prática, sobre confissão de pecados e perdão de Deus.

PREPARANDO O CAMINHO

Leitura bíblica: Lucas 3:4-6

...é uma voz que clama no deserto: "Preparem o caminho para a vinda do Senhor! Abram uma estrada para ele! Os vales serão aterrados, e os montes e as colinas, nivelados. As curvas serão endireitadas, e os lugares acidentados, aplanados. Então todos verão a salvação enviada por Deus".

Para você entender

Nessa passagem, Lucas comentava o cumprimento de uma profecia de Isaías na vida de João Batista. Ele foi um homem com um ministério muito especial: preparar o povo de Israel para receber o Messias. Para isso, um dos principais temas de seus sermões era o arrependimento e a mudança de vida. Era assim, trabalhando nas vias tortuosas do coração humano, que esse profeta de Deus cumpria seu propósito.

Como ele, devemos preparar nosso coração para receber Jesus a cada dia. No poder que o Espírito Santo dá aos salvos, devemos eliminar as pedras do caminho, aplanar o terreno irregular, construir estradas e pontes para que possamos nos encontrar com o Senhor Jesus. Esse é o caminho para a pureza!

Perguntas para reflexão

1. Depois de termos recebido Jesus como nosso Senhor e Salvador e de termos experimentado a purificação que o Seu sangue traz dos pecados passados, precisamos continuar a "trabalhar com afinco a nossa salvação" (Fl 2:12). O que o apóstolo Paulo quis dizer com isso?

2. Quando você vai receber amigos em casa, arruma tudo, prepara um lanche ou uma boa refeição, toma banho e veste uma roupa boa depois de tudo, para ficar agradável e fazer a pessoa se sentir honrada. No mesmo sentido, que preparação você entende que devemos fazer em nosso coração, diariamente, para que Jesus possa se sentir sempre honrado dentro de nós?

3. O Salmo 119:9 diz: "De que maneira poderá o jovem guardar puro o seu caminho? Observando-o segundo a tua palavra" (NAA). Assim sendo, qual o papel da Bíblia na preparação desse caminho para Cristo em nosso coração?

MEDITAÇÃO 29[30]

"...voz que clama no deserto: 'Preparem o caminho para a vinda do Senhor! Abram uma estrada para ele!'" (Lucas 3:4)

A voz clamando no deserto põe em ordem um caminho para o Senhor, um caminho no qual se trabalhou e que é preparado no deserto. Eu gostaria de estar atento à chegada do Mestre e dar a Ele uma estrada para o meu coração, pelo deserto da minha natureza, criada por operação da graça. Desse modo, as quatro instruções no texto devem receber seriamente minha atenção.

Todos os vales serão aterrados. Pensamentos sombrios e ruins sobre Deus devem ser descartados; dúvidas e desespero devem ser removidos; e egoísmo e prazeres carnais devem ser abandonados. Uma estrada gloriosa de graça deve ser construída através desses vales profundos.

...e todos os montes e colinas serão nivelados. O orgulho e a prepotência precisam ser nivelados para fazer uma estrada para o Rei dos reis. Deus não se relaciona de modo próximo com pecadores arrogantes e orgulhosos. O Senhor se relaciona com os humildes e visita os de coração arrependido, mas o arrogante lhe causa repulsa. Imploro ao Espírito Santo para corrija a minha alma a respeito disso.

As curvas serão endireitadas. O coração indeciso precisa ter um caminho reto de decisão por Deus e marcado pela santidade. Pessoas instáveis são estranhos ao Deus da verdade. Que eu tome cuidado para ser sempre honesto e verdadeiro, pelo fato de estar na presença do Deus que sonda os corações.

...e os lugares acidentados, aplanados. Os obstáculos do pecado devem ser removidos, e os espinheiros e ervas daninhas da rebelião devem ser extirpados. Um visitante tão ilustre quanto Jesus não pode encontrar caminhos lamacentos e lugares pedregosos quando vem honrar Seus amados com Sua companhia.

[30]Adaptado de Noite, 3 de janeiro.

Que hoje o Senhor possa encontrar em meu coração uma estrada pronta por Sua graça, que Ele possa fazer uma entrada triunfal no mais profundo da minha alma, desde agora até ao fim da minha vida aqui.

Oração

Deus amado, é uma honra ter o Senhor vivendo em mim por meio da pessoa do Seu Espírito Santo. Sei que muitas vezes não ofereço ao Senhor o meu melhor. O caminho de entrada para a minha vida está lamacento, cheio de pedras e espinhos que ferem. Tudo isso é consequência do pecado que está em mim. Peço que o Senhor me dê força e determinação de desejar ter meu coração totalmente limpo e preparado para que a Sua presença nele seja festejada.

Desafio da semana

Aprendemos que confessar os pecados é importante. Mas somente quando isso é feito com verdadeiro arrependimento é que os caminhos de nosso coração são preparados para a obra de Deus. Nesta semana, peça ajuda ao Espírito Santo para o libertar daquelas tendências pessoais que o afastam de Deus.

> “Quando escrevo, tenho um espelho para a minha alma.

Bônus

Uma das melhores formas de nos afastarmos do pecado é nos aproximando do que nos ajuda a crescer em Deus. Nesta semana, a indicação é de um canal no *Youtube* que traz conteúdo bem atual para jovens cristãos.

AMOR CORRESPONDIDO

Leitura bíblica: 1 João 4:7-17

Amados, continuemos a amar uns aos outros, pois o amor vem de Deus. Quem ama é nascido de Deus e conhece a Deus. Quem não ama não conhece a Deus, porque Deus é amor. Deus mostrou quanto nos amou ao enviar seu único Filho ao mundo para que, por meio dele, tenhamos vida. É nisto que consiste o amor: não em que tenhamos amado a Deus, mas em que ele nos amou e enviou seu Filho como sacrifício para o perdão de nossos pecados. Amados, visto que Deus tanto nos amou, certamente devemos amar uns aos outros. Ninguém jamais viu a Deus. Mas, se amamos uns aos outros, Deus permanece em nós, e seu amor chega, em nós, à expressão plena. Deus nos deu seu Espírito como prova de que permanecemos nele, e ele em nós. Além disso, vimos com os próprios olhos e agora testemunhamos que o Pai enviou seu Filho para ser o Salvador do mundo. Aquele que declara que Jesus é o Filho de Deus, Deus permanece nele, e ele em Deus. Sabemos quanto Deus nos ama e confiamos em seu amor. Deus é amor, e quem permanece no amor permanece em Deus, e Deus nele. À medida que permanecemos em Deus, nosso amor se torna mais perfeito…

Para você entender

O amor é, na maioria das vezes, confundido com um sentimento romântico, mesmo quando não envolve romance. Mesmo sem perceber, idealizamos a pessoa (que pode ser os pais, parentes, namorada ou namorado, amigos) e nutrimos um carinho, uma admiração por essa idealização. Porém, quando as cores reais da pessoa se mostram, é fácil ser indiferente a ela ou até a passar a odiá-la.

Amor é a decisão de amar até quem "não merece". É a opção de entrega pessoal para o benefício de outro; é demonstração de respeito, de afeto (sem afetação), altruísmo (em oposição ao egoísmo). É desse modo, e muito mais, que Deus nos ama. E para demonstrar que lhe retribuímos esse amor, devemos amar nosso próximo. Até onde você iria por amor? Deus Pai entregou Seu maior tesouro: Jesus Cristo!

Perguntas para reflexão

1. Para você, o que é o amor?

....

2. Vivemos um tempo em que muito ódio se dissemina pelas redes sociais. Muito julgamento sem fundamento seguido de palavras duras tem destruído reputações, causado depressão e até levado alguns ao suicídio. Como podemos influenciar esse ambiente virtual com o amor que vem da parte de Deus? E, se em troca de uma boa ação ou mensagem, recebermos críticas, como agir?

....

3. Deus provou Seu amor por nós ao entregar Jesus como sacrifício em nosso lugar, para que sejamos salvos. Nenhum tesouro é maior do que esse, e nenhum amor se compara ao de Deus. Como podemos retribuir a Deus em amor? O que poderíamos lhe entregar que seria de Seu interesse?

....

....

MEDITAÇÃO 30[31]

"Quem não ama não conhece a Deus...".

(1 João 4:8)

A marca que destaca um cristão é sua confiança no amor de Cristo e a entrega de seu afeto a Cristo como resposta. Primeiro, a fé coloca seu selo sobre o homem, habilitando a alma a afirmar juntamente com o apóstolo: Cristo "me amou e se entregou por mim" (Gl 2:20). Em troca, o amor dá a confirmação e estampa sobre o coração a gratidão e o amor por Jesus. "Nós amamos porque Ele nos amou primeiro" (1Jo 4:19).

Nos tempos áureos da antiguidade, que foi o período heroico da religião cristã, essa dupla marca era vista claramente em todos os crentes em Jesus. Aquelas eram pessoas que conheciam o amor de Cristo e descansavam nele, como alguém que se apoia num cajado que lhe traz firmeza. O amor que sentiam pelo Senhor não era uma emoção tranquila que escondiam em si mesmos, na câmara secreta de sua alma, e do qual falavam apenas em suas reuniões privadas quando se encontravam no primeiro dia da semana e cantavam hinos em louvor ao Cristo Jesus crucificado. Mas era uma paixão de tal veemência e vigor, que era visível em todas as suas ações, em suas conversas cotidianas e que comumente transparecia em seu olhar. O amor por Jesus era a chama que alimentava o interior daqueles homens; e, portanto, com sua própria força, ardia no homem exterior e ali brilhava. O zelo pela glória do Rei Jesus era a marca de todos os cristãos genuínos. Por causa de sua dependência do amor de Cristo, eles ousaram muito e, por causa de seu amor por Cristo, eles fizeram muito; e é assim ainda hoje.

Os filhos de Deus são governados pelo poder do amor em seu interior — o amor de Cristo os impulsiona (2Co 5:14); eles se alegram por esse amor divino estar sobre eles, sentindo-o ser derramado em seu coração pelo Espírito Santo que lhes foi dado. E, então, pela força da

[31]Adaptado de Noite, 5 de junho.

gratidão, eles amam o Salvador fervorosamente com o coração puro. Querido leitor, você ama Jesus? Dê uma resposta honesta a essa pergunta importante!

Oração

Deus, em primeiro lugar quero agradecer porque o Senhor me amou, mesmo sem eu merecer. Não consigo entender e muito menos explicar isso, mas o aceito. Ajude-me a evidenciar meu amor pelo Senhor de forma prática, dedicando-lhe totalmente meu ser, meus sonhos e planos, e minha mentalidade. Que esse amor pelo Senhor, que é derramado em meu coração pelo Espírito Santo, seja demonstrado em uma vida que o agrada.

Desafio da semana

O apóstolo João disse que demonstramos amar a Deus quando dedicamos amor ao próximo. E isso deve ser feito sem esperar nada em retorno. Que tal esta semana pedir a Deus que lhe dê palavras puras de encorajamento a quem está ao seu redor? Fale aos seus amigos sobre o amor de Jesus. Use suas redes sociais para levar mensagens que promovam a paz em vez dos conflitos tão comuns. Quantas palavras boas você conseguirá levar a seu próximo esta semana? Esse é um hábito que precisamos desenvolver.

> “Quando escrevo, tenho um espelho para a minha alma.

Bônus

Na meditação de hoje, Spurgeon falou sobre os “tempos áureos da antiguidade” em que os cristãos demonstravam grande amor por Jesus. *O livro dos mártires* conta a história desses primeiros cristãos e o quanto eles sacrificaram para poder viver seu relacionamento com Jesus. Acesse o QR Code e leia parte dessa história. Você vai se emocionar!

A CAMINHO DA PERFEIÇÃO

Leitura bíblica: 1 Pedro 1:13-19

Portanto, preparem sua mente para a ação e exercitem o autocontrole. Depositem toda a sua esperança na graça que receberão quando Jesus Cristo for revelado. Sejam filhos obedientes. Não voltem ao seu antigo modo de viver, quando satisfaziam os próprios desejos e viviam na ignorância. Agora, porém, sejam santos em tudo que fizerem, como é santo aquele que os chamou. Pois as Escrituras dizem: "Sejam santos, porque eu sou santo". Lembrem-se de que o Pai celestial, a quem vocês oram, não mostra favorecimento. Ele os julgará de acordo com suas ações. Por isso, vivam com temor durante seu tempo como residentes na terra. Pois vocês sabem que o resgate para salvá-los do estilo de vida vazio que herdaram de seus antepassados não foi pago com simples ouro ou prata, que perdem seu valor, mas com o sangue precioso de Cristo, o Cordeiro de Deus, sem pecado nem mancha.

Para você entender

Perfeição! Esse é um de nossos objetivos nas artes, na estética, na aparência, na execução de trabalhos, na comunicação etc. Porém quando falamos de perfeição cristã, muitos filhos de Deus estremecem. Como Deus pode desejar a perfeição de algo tão imperfeito e limitado quanto nós?

Bem, Ele a deseja, mas sabe que há um processo para que ela se concretize. O primeiro passo é sermos "perfeitos em Cristo". Ou seja, devido à perfeição absoluta do Salvador e de Seu sacrifício, todos os que estão em Cristo são considerados perfeitos. No entanto, há um crescimento espiritual necessário, e este é promovido pela habitação do Espírito Santo. Ele é quem nos aperfeiçoa dia a dia. Entretanto, Deus planejou que a perfeição completa será atingida na volta de Jesus, por meio da glorificação dos santos. Sendo assim, saiba: a perfeição cristã não depende apenas de você, mas Deus já lhe deu os meios para que ela seja buscada e desenvolvida em sua vida.

Perguntas para reflexão

1. Enfrentamos muito preconceito quando decidimos nos separar das práticas comuns ao mundo, não é mesmo? Podemos ser isolados e até enfrentar *bullying* por desejarmos ser santos. Como podemos vencer essas coisas sem disseminar ódio àqueles que lhe causam problemas?

2. Sabendo que Deus conhece seus limites e fraquezas, como você se sente quando entende que o desejo de Deus para você é a perfeição? Por que Ele desejaria isso?

3. É preciso entender que Deus não espera a impecabilidade de nós, pois sabe que ainda estamos na luta da natureza humana contra o espírito (Gl 5:17). O que Ele deseja é que nosso coração esteja integralmente voltado a caminhar em santidade porque somos Seus filhos. Como é isso na prática?

MEDITAÇÃO 31[32]

"... cada pessoa perfeita em Cristo."

(Colossenses 1:28 NAA)

Você não sente que a perfeição é algo que não possui? Não é isso que aprende a cada dia? Cada lágrima que brota de seu olho chora "imperfeição"; cada palavra dura que sai de sua boca murmura "imperfeição". Com muita frequência você tem uma visão de seu próprio coração sonhando com um momento de qualquer perfeição em si mesmo.

Mas em meio a essa triste consciência de imperfeição, aqui está um consolo — você é "perfeito em Cristo Jesus". Na visão de Deus, você é "completo nele"; agora mesmo é "aceito no Amado". Mas ainda há uma segunda perfeição a ser percebida, que é garantida a todos que estão em Cristo. Não é maravilhoso desejar pelo tempo em que toda e qualquer mancha de pecado será removida do cristão e ele será apresentado irrepreensível perante o trono, "sem mancha, ruga ou qualquer outro defeito" (Ef 5:17)? A Igreja de Cristo então será tão pura, que nem mesmo o olho do Onisciente verá uma mancha ou defeito nela; tão santa e tão gloriosa, que o compositor Hart (1712–68) não foi além da verdade quando disse: "Com as vestes do meu Salvador, santo como o Santo".

Então saberemos, provaremos e sentiremos a alegria desta abrangente, porém curta declaração: "Completo em Cristo". Só então poderemos compreender as alturas e profundezas da salvação de Jesus (Ef 3:18-20). Seu coração não pula de alegria ao pensar nisso? Por mais que você seja trevas, um dia será luz; imundo como é, ficará limpo.

Ah, essa é uma salvação maravilhosa! Cristo pega um miserável e o transforma num anjo; Cristo pega algo impuro e deformado e o deixa puro e incomparável em Sua glória, inigualável em Sua beleza e pronto para ser o companheiro dos serafins. Agora mesmo você pode admirar essa verdade abençoada da perfeição em Cristo.

[32]Adaptado de Manhã, 28 de janeiro.

Oração

Querido Pai, quando olho para minhas imperfeições, perco a esperança de ser diferente. Porém, quando vejo o que o Senhor já fez por mim e o que possibilitou que eu alcançasse por meio de Jesus e do Espírito Santo, percebo que a santificação não tem a ver com as minhas habilidades de fazer o que é certo, mas com a Sua obra realizada continuamente em meu coração. Ajude-me a confiar nesse aperfeiçoamento efetuado por Suas mãos. E, independentemente de quem eu sou e em que ponto estou na minha caminha com o Senhor, ajude-me a crer que já sou perfeito por estar em Cristo.

Desafio da semana

> "Quando escrevo, tenho um espelho para a minha alma."

Esta semana será um tempo de oração e meditação especial. Leia as duas epístolas de Pedro e responda às perguntas: para quem Pedro escreveu e por que escreveu (o contexto histórico)? Você pode fazer esta pesquisa em livros ou na internet. Você verá que ele fala bastante a respeito da santidade cristã diante da maldade do mundo e do desafio que isso é para todo filho de Deus. Anote em um caderno tudo o que Deus lhe falar neste tempo e ore para que essas lições sejam aplicadas em sua vida.

Bônus

Assista a este vídeo e veja uma definição boa e simples de santidade. De modo prático, o *youtuber* fala a respeito das distrações que podem surgir no seu caminho e atrapalhar o seu progresso.

SALVO? DO QUÊ?

Leitura bíblica: Romanos 6:10-14

Quando ele [Cristo] morreu, foi de uma vez por todas, para quebrar o poder do pecado. Mas agora que ele vive, é para a glória de Deus. Da mesma forma, considerem-se mortos para o poder do pecado e vivos para Deus em Cristo Jesus.

Não deixem que o pecado reine sobre seu corpo, que está sujeito à morte, cedendo aos desejos pecaminosos. Não deixem que nenhuma parte de seu corpo se torne instrumento do mal para servir ao pecado, mas em vez disso entreguem-se inteiramente a Deus, pois vocês estavam mortos e agora têm nova vida. Portanto, ofereçam seu corpo como instrumento para fazer o que é certo para a glória de Deus. O pecado não é mais seu senhor, pois vocês já não vivem sob a lei, mas sob a graça de Deus.

Para você entender

Muitas vezes, quando vamos falar da salvação em Cristo aos outros, eles nos perguntam do que precisam ser salvos. Nossa resposta, quase automática, é que precisamos ser salvos do inferno. Mas será que essa é a resposta completa?

Na realidade, a salvação envolve muito mais do que isso. Quando estamos em Cristo, nossa comunhão com Deus, perdida na Queda no Éden, é restaurada. Então, somos, em primeiro lugar, salvos do distanciamento (ou alienação) de nosso Criador. Para que isso aconteça, nossos pecados precisam ser perdoados. Porém, não é apenas isso! Jesus morreu não somente pelo perdão de nossos pecados, mas, também, para tirar o domínio do pecado sobre nós e implantar o Seu próprio domínio sobre nossa natureza. E é assim que podemos viver de modo digno do evangelho (Fl 1:27).

Perguntas para reflexão

1. Explique, com suas próprias palavras (e, se puder, embasado na Bíblia), o que é salvação.

2. Uma vez que não estamos mais sob o domínio do pecado, como podemos obter vitória sobre as tentações que nos assediam todos os dias?

3. Se o pecado não tem mais domínio sobre aqueles que servem a Cristo, como entender a possibilidade de continuarmos a pecar? Existe, nesta vida, a possibilidade de não cair mais em tentação?

MEDITAÇÃO 32[33]

"...ele salvará seu povo dos seus pecados."

(Mateus 1:21)

Se forem questionadas sobre o que entendem por salvação, muitas pessoas responderão: "Ser salvo do inferno e levado para o céu". Esta é uma consequência da salvação, mas não é um décimo do que está contido nessa bênção. É verdade que nosso Senhor Jesus Cristo redime todo o Seu povo da ira vindoura; Ele o salva da terrível condenação ocasionada por seus pecados; mas Seu triunfo é muito mais completo. Ele salva Seu povo *de* seus próprios pecados.

Com é bom saber que temos essa libertação de nossos piores inimigos! Onde Cristo opera uma obra de salvação, Ele expulsa Satanás de seu trono e não deixa que ele seja o mestre por mais tempo. Nenhum homem é um verdadeiro cristão se o pecado reina em seu corpo (Rm 6:12). O pecado estará em nós — ele jamais será expelido completamente até que o espírito seja glorificado quando Jesus voltar (2Co 5:1-5); mas ele não terá mais *domínio*. Haverá uma luta pelo domínio — nossa corrupção natural contra a nova lei e o novo espírito que Deus implantou —, mas o pecado nunca será superior de modo a ser o rei absoluto de nossa natureza. Cristo será o Mestre do coração, e o pecado deverá ser colocado para morrer (Rm 8:13). O Leão da tribo de Judá prevalecerá, e o dragão será expulso.

Jovem cristão, o pecado o domina? Se sua vida não é santa, e se seu coração não está mudado, você não é uma pessoa salva. Se o Salvador não o santificou, não o renovou, não lhe deu uma aversão ao pecado e um amor pela santidade, Ele não fez nada de caráter salvador em você. A graça que não faz um homem ser melhor que os outros é uma falsificação sem valor.

Cristo salva Seu povo, não em seus pecados, mas *dos* seus pecados. A Bíblia diz: "...procurem ter uma vida santa, sem a qual ninguém verá o Senhor" (Hb 12:14); e "Todos que pertencem ao Senhor devem se afastar do

[33]Adaptado de Noite, 8 de fevereiro.

mal" (2Tm 2:19). Se não somos salvos do pecado, como esperaremos estar entre o Seu povo?

Oração

Pai eterno, em primeiro lugar que lhe agradecer por entender que a salvação em Jesus traz mais benefícios do que eu imaginava. Agora entendo melhor a questão de o pecado não ter mais domínio sobre mim, mas Cristo, por meio do Seu Espírito, ser o Senhor absoluto sobre meu coração. Quero viver essa verdade pela fé: de que não importa o poder da sedução satânica para me levar a pecar, eu posso vencê-la por meio do que Jesus já *fez em mim. Ajude-me a crescer em santidade. Amém!*

Desafio da semana

Leia os capítulos 6 a 8 de Romanos na Nova Tradução na Linguagem de Hoje (NTLH), um capítulo por dia, por três dias. Se você não tem uma Bíblia nessa versão, pode ler em vários sites ou aplicativos da Bíblia. Depois anote qual os benefícios da salvação em Cristo que Paulo cita nessa passagem. Você vai ver como o apóstolo é bem realista em relação ao pecado que habita em nós (mas que não deve mais nos dominar). Por fim, ore para que possa viver essa *realidade* pela fé.

> "Quando escrevo, tenho um espelho para a minha alma.

Bônus

O livro *Guerra Santa*, de John Bunyan, fala, em forma de alegoria, sobre a guerra entre Diabolus e Shaddai, que existe pela conquista de cada alma (representando Deus). Neste primeiro capítulo, há uma alusão ao momento em que todo ser humano se desligou de Deus escolhendo servir a Satanás e ao pecado. Acesse o *QR Code* e mergulhe nessa aventura!

O CRISTÃO E O ESPÍRITO

Leitura bíblica: Gálatas 5:16,19-25

Por isso digo: deixem que o Espírito guie sua vida. Assim, não satisfarão os anseios de sua natureza humana. [...]

Quando seguem os desejos da natureza humana, os resultados são extremamente claros: imoralidade sexual, impureza, sensualidade, idolatria, feitiçaria, hostilidade, discórdias, ciúmes, acessos de raiva, ambições egoístas, dissensões, divisões, inveja, bebedeiras, festanças desregradas e outros pecados semelhantes. Repito o que disse antes: quem pratica essas coisas não herdará o reino de Deus.

Mas o Espírito produz este fruto: amor, alegria, paz, paciência, amabilidade, bondade, fidelidade, mansidão e domínio próprio. Não há lei contra essas coisas! Aqueles que pertencem a Cristo Jesus crucificaram as paixões e os desejos de sua natureza humana. Uma vez que vivemos pelo Espírito, sigamos a direção do Espírito em todas as áreas de nossa vida.

Para você entender

Até agora temos falado a respeito da responsabilidade cristã de viver uma vida pura. Vimos que isso pode ser alcançado por meio do sacrifício de Jesus na cruz, que nos livrou do domínio do pecado.

Porém, se a vitória na luta da natureza pecaminosa contra o bem que Deus espera de nós fosse apenas por nosso esforço pessoal, poderíamos nos considerar perdedores. Foi por isso que Deus Pai selou com o Espírito Santo todos aqueles que estão sob o sacrifício do Deus Filho (2Co 1:21-22). É somente sob o poder e orientação do Espírito que podemos vencer o pecado.

Perguntas para reflexão

1. Como tem sido sua experiência de luta contra o pecado? Você crê, de coração, que é possível vencer suas tendências pecaminosas? Como?

2. Se podemos vencer o pecado pela obra do Espírito Santo, como isso pode acontecer?

3. Nosso texto bíblico de hoje nos dá duas listas: uma de obras da natureza humana sem Deus, e outra da natureza humana dominada e empoderada pelo Espírito. Olhando para cada uma delas, como você avaliaria seu crescimento espiritual?

MEDITAÇÃO 33[34]

"...teu bom Espírito...".

(Neemias 9:20)

É comum, muito comum o pecado de esquecer o Espírito Santo. Isso é loucura e ingratidão! Ele merece o melhor de nós, pois é bom, supremamente bom. Como Deus, Ele é essencialmente bom. Ele compartilha a tríplice atribuição de "Santo, santo, santo" (Is 6:3), que define o Deus Trino. Perfeita pureza, verdade e graça. Ele é a bondade, tratando com brandura a nossa obstinação, lutando contra a nossa vontade rebelde; trazendo-nos à vida a partir de nossa morte em pecado, e então nos treinando para os Céus como uma babá amorosa cuida de sua criança. Como esse paciente Espírito de Deus é generoso, misericordioso e amoroso, Ele é funcionalmente bom. Todas as Suas obras são boas no grau mais eminente; Ele sugere bons pensamentos, solicita boas ações, revela boas verdades, aplica boas promessas, ajuda a alcançar boas realizações e conduz a bons resultados. Não há bem espiritual em todo o mundo do qual Ele não seja o autor e o sustentador, e o próprio Céu deverá o caráter perfeito de seus habitantes redimidos à Sua obra.

Ele é oficialmente bom; seja como Consolador, Instrutor, Guia, Santificador, Vivificador ou Intercessor, Ele realiza perfeitamente Sua obra, e cada ação é repleta com os bens mais elevados para a Igreja do Senhor. Aqueles que se entregam às Suas influências se tornam bons; aqueles que obedecem a Seus impulsos fazem o bem; aqueles que vivem sob Seu poder recebem o bem.

Que nós ajamos, então, como pessoas boas, de acordo com aquilo que a gratidão exige. Reverenciemos a pessoa do Espírito e o adoremos como Deus acima de tudo, bendito para sempre. Devemos nos apropriar do Seu poder e de nossa necessidade dele, esperando nele em todos os nossos santos empreendimentos; busquemos Sua ajuda a todo instante, e nunca

[34]Adaptado de Noite, 16 de fevereiro.

o entristeçamos. Falemos em Seu louvor sempre que aparecer uma oportunidade. A Igreja jamais prosperará até que creia mais reverentemente no Santo Espírito. Ele é tão bom e amoroso, que é de fato lamentável que Ele seja entristecido por nossas ofensas e negligências (Ef 4:30).

Oração

Querido Deus e Pai, não é difícil eu negligenciar o poder que o Senhor já proveu para mim quando enviou o Seu Espírito ao meu coração. Reconheço que esse esquecimento e a consequente falta de dependência dele é o que, muitas vezes, tem me levado a perder a batalha contra a tentação. Ajude-me a depender de Seu Espírito em tudo o que eu fizer e sempre pedir a Ele força nos momentos mais difíceis. Amém!

Desafio da semana

Durante toda esta semana, quando você se levantar e antes de se envolver em suas atividades, peça que o Espírito Santo o controle e dirija todo o tempo. Mesmo que você se sinta frustrado por ainda cometer erros, não desista de escolher depender de Deus. Ele jamais desiste de o ajudar em sua luta contra o mal interior. O crescimento espiritual não é tão rápido quanto o de uma semente de feijão; ele é um processo que leva tempo, mas que deve ser contínuo, como a semente de uma árvore frutífera.

> “Quando escrevo, tenho um espelho para a minha alma.”

Bônus

A arte é uma forma bonita que podemos usar para transmitir a verdade do evangelho. Assista a este vídeo de uma apresentação teatral coreografada sobre a criação, queda e redenção. Se puder, compartilhe com seus amigos.

CIDADÃOS DO REINO

Leitura bíblica: João 17:13-20

Agora vou para tua presença. Enquanto ainda estou no mundo, digo estas coisas para que eles tenham minha plena alegria em si mesmos. Eu lhes dei tua palavra. E o mundo os odeia, porque eles não são do mundo, como eu também não sou. Não peço que os tires do mundo, mas que os protejas do maligno. Eles não são deste mundo, como eu também não sou. Consagra-os na verdade, que é a tua palavra. Assim como tu me enviaste ao mundo, eu os envio ao mundo. E eu me entrego como sacrifício santo por eles, para que sejam consagrados na verdade. Não te peço apenas por estes discípulos, mas também por todos que crerão em mim por meio da mensagem deles.

Para você entender

Para ser considerado um bom cidadão de determinado país, você tem uma série de direitos e deveres a cumprir com o povo, a cultura, as leis e o governo local. Se você agir fora do padrão definidos por esses princípios, estará desonrando o país onde vive e que representa.

Jesus disse que não pertencemos a este mundo, embora estejamos presentes nele. Com isso, Ele quis dizer somos membros de uma outra pátria, superior ao reino deste mundo que está sob controle do diabo (Hb 11:16; 1Jo 5:19). Esse Reino de Cristo também nos garante direitos e exige de nós deveres. Para que o representemos bem diante do "poder das trevas" (Cl 1:13), devemos espelhar aquilo que o Reino dos Céus representa. O mundo só reconhecerá nossa cidadania celestial quando formos pessoas cheias do Espírito e que vivem sob o Seu governo.

Perguntas para reflexão

1. O que Jesus quis dizer com estar no mundo, mas não pertencer a ele?

2. Mencione alguns dos direitos que temos como cidadãos do Reino de Deus, conquistados para nós por Cristo. E quais são alguns de nossos deveres para com essa pátria superior?

3. Pense em uma embaixada e no trabalho do embaixador. Embora em país estrangeiro, aquele prédio é considerado pertencendo ao país que ele representa. Também o embaixador é a pessoa encarregada de gerar pontes de comunicação espelhando os valores de seu povo e pátria, por mais que fale em línguas alheias à sua. Como isso se compara com a vida de um cristão diante do mundo?

MEDITAÇÃO 34[35]

"...vivam em sua comunidade de maneira digna das boas-novas de Cristo...". (Filipenses 1:27)

A palavra "vivam" nesse versículo evidencia todo o curso da vida e do comportamento no mundo. A palavra grega original tem o significado de ações e privilégios da cidadania: e, portanto, a ordem é que nossas ações, como cidadãos da Nova Jerusalém, sejam dignas do evangelho de Cristo. Que tipo de comportamento é esse?

Primeiramente, o evangelho é muito simples. Então, os cristãos deveriam ser simples e sinceros em seus hábitos. Assim devemos ser em nossas maneiras, nosso discurso, nosso modo de vestir, todo o nosso comportamento, numa simplicidade que é a beleza da alma. O evangelho é eminentemente verdadeiro, é ouro sem impurezas; e a vida do cristão será sem brilho e sem valor se não tiver a joia da verdade. O evangelho é muito destemido. Corajosamente ele proclama a verdade, quer os homens gostem ou não — precisamos ser igualmente fiéis e inabaláveis.

Mas o evangelho também é muito delicado. Observe o espírito de seu Fundador: "Não esmagará a cana quebrada" (Is 42:3; Mt 12:20). Alguns discípulos são mais afiados do que a ponta de um espinho; tais homens não são como Jesus. Busquemos conquistar os outros pela gentileza de nossas palavras e ações. O evangelho é muito amoroso. É a mensagem do amor de Deus a uma raça perdida e caída. A última ordem de Cristo aos Seus discípulos foi: "Amem uns aos outros" (Jo 15:12).

Que haja mais união e amor verdadeiro e cordial por todos os santos; que exista mais compaixão terna pelos piores e mais perversos homens! Não devemos esquecer que o evangelho de Cristo é santo. Ele nunca desculpa o pecado: ele o perdoa, mas somente por meio da expiação. Se nossa vida deve assemelhar-se ao evangelho, precisamos evitar não apenas os vícios mais grosseiros, mas tudo o que prejudicaria nossa perfeita

[35]Adaptado de Noite, 24 de maio.

conformidade com Cristo. Por amor a Ele, pelo nosso bem, e pelo bem dos outros, precisamos nos esforçar dia após dia para permitir que nossa vida seja cada vez mais de acordo com Seu evangelho.

Oração

Deus, agradeço a honra de ser considerado Seu filho e membro de um Reino incomparavelmente superior a tudo que vejo aqui neste mundo. Agradeço por tudo o que Jesus conquistou por mim! Eu não teria capacidade de fazer isso por mim mesmo. Agora peço que o Senhor me ajude a representar bem essa pátria tão abençoada para todos aqueles que vivem nas trevas do império governado pelo diabo. Que eu seja parecido com Jesus! Amém!

Desafio da semana

O Sermão do Monte, em Mateus 5–7, é a descrição do cidadão do reino de Deus. Leia esses três capítulos em duas versões bíblicas diferentes. Escreva em um caderno como você pode ser esse tipo de pessoa que Jesus ensinou. Passo a passo, dia a dia, comece a andar nessa direção, pois ela trará honra a Deus. Isso exigirá dependência do Espírito Santo, disciplina pessoal e determinação.

> "Quando escrevo, tenho um espelho para a minha alma."

Bônus

Se você ainda não assistiu ao filme *Até o último homem*, com Andrew Garfield no papel principal, essa é nossa recomendação desta semana. Você verá a luta de um soldado cristão em seu batalhão e como o seu caráter foi fundamental para o bem de seus companheiros de guerra. E o filme é baseado numa história real. Assista ao *trailer*.

O INIMIGO INTERIOR

Leitura bíblica: Gálatas 5:16-18,24

Por isso digo: deixem que o Espírito guie sua vida. Assim, não satisfarão os anseios de sua natureza humana. A natureza humana deseja fazer exatamente o oposto do que o Espírito quer, e o Espírito nos impele na direção contrária àquela desejada pela natureza humana. Essas duas forças se confrontam o tempo todo, de modo que vocês não têm liberdade de pôr em prática o que intentam fazer. Quando, porém, são guiados pelo Espírito, não estão debaixo da lei. [...] Aqueles que pertencem a Cristo Jesus crucificaram as paixões e os desejos de sua natureza humana.

Para você entender

Qual seu pior inimigo? E se lhe dissermos que você convive com ele diariamente e de modo bem próximo: dentro de você? Sim, a Bíblia diz que, a partir do momento em que nos rendemos a Cristo, a luta mais acirrada que há é a da nossa carnalidade (do pecado que habita em nós) contra o Espírito.

Lembre-se de que Jesus veio para salvá-lo de seu pecado, mas para isso acontecer é preciso que se reconheça que nosso inimigo mora dentro de nós. Ele não se esconde apenas em vícios comportamentais e mentais, mas, muitas vezes, em sentimentos armazenados que limitam a nossa vida no Espírito Santo. Somos menos do que Deus desejaria porque não deixamos que Ele vença essas batalhas por nós, curando nosso interior.

Abandone as armas que usa contra o Espírito (a incredulidade é a maior delas) e se renda a Ele de todo coração diariamente. Você só pode vencer seus pecados e sentimentos ruins de cada dia.

Perguntas para reflexão

1. Como a natureza pecaminosa pode conviver dentro de nós com o Espírito Santo que Deus nos deu no momento de nossa salvação?

2. Descreva ações práticas que você pode tomar para que o Espírito de Deus tenha mais espaço em seu coração e mais controle sobre você, livrando-o de seus pecados e amarguras. Lembre-se, uma vez que você cede espaço, Ele o ocupa com graça.

3. De tudo o que refletimos nessa seção sobre a pureza cristã, o que mais marcou a sua vida? O que pretende fazer em relação a isso?

MEDITAÇÃO 35[36]

"A natureza humana deseja fazer exatamente o oposto do que o Espírito quer, e o Espírito nos impele na direção contrária àquela desejada pela natureza humana...". (Gálatas 5:17)

No coração de cada cristão há uma luta constante entre a velha e a nova natureza. A velha natureza é muito ativa e não perde a oportunidade de usar todas as armas de seu arsenal mortal contra a graça recém-nascida; enquanto, por outro lado, a nova natureza está sempre em vigília para resistir e destruir o inimigo. A graça em nós empregará a oração, a fé, a esperança e o amor para expulsar o mal; ela pega "todo o arsenal de Deus" e luta fervorosamente.

Estas duas naturezas opostas jamais cessarão de lutar enquanto estivermos neste mundo. A batalha de "Cristão" [N.E.: Referente ao livro *O Peregrino*, de John Bunyan (Publicações Pão Diário, 2021)] com "Apolião" durou três horas, mas a batalha do cristão consigo mesmo perdura por todo o caminho, desde o início, na porta estreita (Mt 7:13-14), até o final, que dá no rio Jordão, quando entraremos na Terra Prometida (Js 3). O inimigo está entrincheirado tão seguramente em nós que nunca será expulso enquanto estivermos neste corpo. Porém, apesar de estarmos intimamente envolvidos e frequentemente em luta dolorosa, temos um ajudante Todo-Poderoso, o próprio Jesus, o Capitão de nossa salvação, que está sempre conosco e que nos assegura de que seremos mais que vencedores por meio dele (Rm 8:37). Com tal auxílio, a natureza recém-nascida é mais do que páreo para seus inimigos.

Você está lutando com o adversário hoje? Satanás, o mundo e a carne estão todos contra você? Não fique desanimado, nem assustado. Lute! Pois o próprio Deus está com você; Jeová Nissi é a sua bandeira (Êx 17:5) e Jeová Rafá (Êx 15:20) é a cura para suas feridas. Não tenha medo, você vencerá, pois quem pode derrotar o Onipotente? Lute "mantendo o olhar firme em

[36]Adaptado de Noite, 2 de junho.

Jesus" (Hb 12:2), e, apesar do conflito ser longo e árduo, doce será a vitória e gloriosa, a recompensa prometida.

Oração

Senhor, como é difícil encarar a verdade de que meu pior inimigo está dentro de mim. Ao mesmo tempo, como é surpreendente saber que o meio de vitória contra esse adversário é o Seu Espírito, que habita em mim! Agradeço porque sei que, enquanto a minha natureza santificada se mantiver em luta contra a antiga, estará tudo se encaminhando para um bom final, pois o Senhor está comigo me dando a certeza da vitória. Amém!

Desafio da semana

> "Quando escrevo, tenho um espelho para a minha alma."

Além de nossos pecados, há algumas tendências em nós que atrasam, ou até impedem, que prossigamos na fé. Coisas como ciúme, insegurança, medo, baixa autoestima ou rancor dificultam que vivamos a plenitude da vida no Espírito e até nos levam a pecar. Durante esta semana, tente identificar quais características em você precisam ser transformadas por Deus. Se precisar, peça ajuda a um profissional de saúde mental ou a um conselheiro espiritual. O processo pode ser dolorido e tomar algum tempo, mas vai valer muito a pena!

Bônus

Muitas vezes somos levados a pecar por causa de sentimentos ruins armazenados pelas nossas experiências passadas. Em *Livre!*, Beth Moore conta um pouco de sua trajetória de traumas, prisões mentais e da liberdade que alcançou em Cristo. Leia um pouco sobre isso.

Parte 5

Lidando com a vida como ela é...

A vida é simples, mas não é fácil de ser explicada. Tudo começou com o sopro do Criador nas narinas do primeiro casal em um mundo perfeito e de felicidade. No entanto, a continuação teve altos e baixos em seus capítulos — mais baixos do que altos, é verdade. Vemos isso na história da humanidade, assim como na vida de cada pessoa. Embora não possamos entender completamente os propósitos de Deus no sofrimento individual e coletivo, ou explicar a origem de cada dor, podemos entender em parte qual foi o início de tudo.

Deus criou o homem e a mulher para serem perfeitos e imortais. Não havia qualquer problema físico ou traço de maldade no interior do coração. Mas, ao tomar o fruto proibido em suas mãos e comê-lo, o que Adão e Eva (como representantes da raça humana) fizeram foi escolher seguir seu próprio caminho independentes de Deus. E isso trouxe a morte e a dor para a vivência de todos. Neste processo, o bem e o mal acontecem tanto para as pessoas que vivem vidas corretas quanto para aquelas que decidem de forma totalmente egoísta e egocêntrica (Mt 5:45).

Esta próxima seção vai nos levar a refletir sobre os problemas que enfrentamos na vida. O que é consequência direta de nossas más escolhas? Quais são as coisas a que todos estão sujeitos? Como manter uma atitude positiva, mesmo quando nem tudo vai bem? Como manter a esperança diante de um cenário que não parece oferecer mudança tão cedo?

Você vai surpreender com o agir de Deus em meio ao caos!

SOZINHO, MAS NÃO DESACOMPANHADO

Leitura bíblica: Lucas 22:39-46

Então, acompanhado de seus discípulos, Jesus foi, como de costume, ao monte das Oliveiras. Ao chegar, disse: "Orem para que vocês não cedam à tentação". Afastou-se a uma distância como de um arremesso de pedra, ajoelhou-se e orou: "Pai, se queres, afasta de mim este cálice. Contudo, que seja feita a tua vontade, e não a minha". Então apareceu um anjo do céu, que o fortalecia. Ele orou com ainda mais fervor, e sua angústia era tanta que seu suor caía na terra como gotas de sangue. Por fim, ele se levantou, voltou aos discípulos e os encontrou dormindo, exaustos de tristeza. "Por que vocês dormem?", perguntou ele. "Levantem-se e orem para que não cedam à tentação."

Para você entender

Todos, absolutamente todos, já se sentiram solitários e incompreendidos em algum momento da vida. Para a maioria das pessoas, esse sentimento é passageiro. Para outros, no entanto, ele acaba se aprofundando e pode levar à tristeza e ao desânimo. Não é fácil explicar a origem da solidão, pois ela acontece mesmo quando estamos rodeados de pessoas que nos amam.

Jesus se sentiu sozinho. Ele se viu só no momento em que mais precisava de companhia. As pessoas estavam ao Seu redor, mas poucas demonstraram alguma empatia por Seu sofrimento. E é por conhecer essa experiência que Ele pode nos ajudar. É por vermos nele o exemplo que nós podemos ter esperança.

Perguntas para reflexão

1. Você consegue acreditar, em qualquer situação, que Deus o ama? Consegue perceber que Ele está ao seu lado, mesmo quando tudo está em silêncio? Qual o papel da oração nesses momentos?

2. Ao contrário de nós, Jesus experimentou até mesmo o abandono de Deus Pai na cruz. E fez isso por amor a nós. Deus jamais nossa dará as costas, Ele prometeu jamais nos abandonar (Dt 31:6). Como saber disso o ajuda a superar os momentos quando se sentie incompreendido pelas pessoas ao seu redor?

3. Você já se sentiu tão sozinho que chegou a ter um medo paralisante? Já esteve com alguém que demonstrava estar nessa situação? Qual a mensagem de esperança que você pode trazer ao seu coração e ao dos outros diante dessa realidade?

MEDITAÇÃO 36[37]

"...suas orações foram ouvidas por causa de sua profunda devoção."

(Hebreus 5:7)

Será que o medo que Jesus sentiu no Getsêmani surgiu da sugestão diabólica de que Ele estava completamente abandonado? Deve haver provação maior que essa, mas certamente é horrível ser completamente abandonado.

"Veja," diz Satanás, "você não tem nenhum amigo! Seu Pai não lhe demonstra Sua compaixão. Nenhum anjo estenderá a mão para o ajudar. Todo o Céu está afastado de você; foi deixado sozinho. Veja os companheiros com quem andou, o que eles valem agora? Jesus, veja Tiago, Seu amado discípulo João e Seu ousado apóstolo Pedro, como esses covardes dormem enquanto você sofre! Olhe! Não lhe sobrou qualquer amigo no Céu ou na Terra. Todo o inferno está contra você. Despertei meu covil infernal. Enviei meus mensageiros por todas as regiões, convocando cada príncipe das trevas a se levantar contra você esta noite, e não pouparemos flechas, usaremos nosso arsenal para destruí-lo. E o que você fará, solitário?".

Pode ser que esta tenha sido a tentação; pensamos que sim por causa da aparição de um anjo a Jesus, fortalecendo-o para remover aquele temor. Ele foi ouvido em Seu temor; não estava mais só, mas o Céu estava com Ele. Talvez seja esta a razão de Ele vir três vezes aos Seus discípulos. Ele veria por si mesmo se era realmente verdade que todos os homens o tinham abandonado. Encontrou-os adormecidos; mas, talvez, a ideia de estarem dormindo — não por serem traidores, mas por estarem tristes — tenha lhe trazido algum consolo.

O espírito deles realmente estava pronto, mas a carne era fraca (Mt 26:41). De qualquer forma, Ele foi ouvido em Seus temores. Jesus foi ouvido em Sua angústia mais profunda. Da mesma forma, você também será ouvido.

[37]Adaptado de Manhã, 24 de março.

Oração

Pai do Céu, quanta coisa o Senhor e Jesus fizeram por mim. Não consigo imaginar a angústia daquela noite no Getsêmani, pouco antes de Jesus ser crucificado. Mas, ao mesmo tempo, quando penso nessas coisas e que elas foram motivadas por Seu amor por mim, tenho mais força e esperança para suportar os momentos difíceis. Afinal, o Senhor está comigo. Amém!

Desafio da semana

> **"Quando escrevo, tenho um espelho para a minha alma."**

Como dissemos, todo mundo já se sentiu sozinho em algum momento da vida. Que tal esta semana você ficar atento àqueles que o rodeiam? Eles demonstram algum sinal de desânimo ou tristeza? Procure convidar alguém para um lanche juntos ou para dar uma volta em algum lugar onde possam conversar. Ouça seu amigo e procure animá-lo. Sabia que isso ajuda até quando você também está triste? Procure se conectar com essa pessoa, sem se manter distante ou até parecer superior.

Bônus

A presença de Deus conosco não é apenas uma promessa, mas uma realidade. É mais que sentimentos e sensações. Assista à leitura devocional a seguir e veja como alimentar essa esperança em seu coração.

CRESCENDO EM MEIO ÀS DIFICULDADES

Leitura bíblica: Romanos 5:2-5

Foi por meio da fé que Cristo nos concedeu esta graça que agora desfrutamos com segurança e alegria, pois temos a esperança de participar da glória de Deus.

Também nos alegramos ao enfrentar dificuldades e provações, pois sabemos que contribuem para desenvolvermos perseverança, e a perseverança produz caráter aprovado, e o caráter aprovado fortalece nossa esperança, e essa esperança não nos decepcionará, pois sabemos quanto Deus nos ama, uma vez que ele nos deu o Espírito Santo para nos encher o coração com seu amor.

Para você entender

Você até pode não gostar de ouvir que as dificuldades da vida são parte do processo de crescimento. Mas elas são! A criança tem de cair algumas vezes, antes que aprenda a andar. Mesmo depois de dominar a arte de caminhar, todos caímos algumas vezes, mas aprendemos a evitar situações e terrenos perigosos. Claro que há pessoas que passam por situações difíceis e não aprendem nada com elas; seguem tomando decisões tolas e tendo comportamento infantil.

Porém, quando Deus permite o sofrimento na vida de Seus filhos, é para fazer que eles desenvolvam não apenas sua fé, como também seu caráter cristão. De qualquer modo enfrentaremos a dor, não há como escapar a isso. Então, que nós aproveitemos essas oportunidades para nos tornarmos mais parecidos com Jesus. Só assim teremos a certeza da ajuda dele nas dificuldades.

Perguntas para reflexão

1. Na passagem bíblica de nossa meditação de hoje, lemos que os cristãos se alegram em enfrentar dificuldades. Isso é fácil? E como explicar essa relação entre alegria e provação?

2. Não há como evitar o sofrimento nesta vida, e servir a Cristo não nos livra da dor (até porque Ele mesmo sofreu). Sabendo disso, como se fortalecer para esses momentos de dor?

3. Como o sofrimento pode nos tornar mais parecidos com Jesus?

MEDITAÇÃO 37[38]

"...faze-me saber por que contendes comigo."

(Jó 10:2 ARA)

Talvez o Senhor esteja fazendo isto para desenvolver suas virtudes. Algumas de suas virtudes nunca seriam descobertas se não fosse pelas tribulações. Sabia que sua fé nunca parece tão grande no clima do verão, como é no inverno? O amor é, com frequência, como um vagalume, mostrando apenas uma pequena luz quando está no meio da escuridão. Por outro lado, a esperança é como uma estrela — que não é visível em dia claro, sob o sol da prosperidade, mas é descoberta na noite das dificuldades.

As aflições são, muitas vezes, o fundo escuro no qual Deus coloca as joias das virtudes de Seus filhos, para que brilhem melhor. Não faz muito tempo você estava de joelhos dizendo: "Senhor, eu temo não ter fé: ajude-me a reconhecer minha fé". Mesmo que inconscientemente, será que isso não era, na verdade, sua oração pedindo por provações? Como você pode saber que tem fé se ela não for exercitada?

Confie nisso, Deus com frequência nos envia provações para que nossas qualidades sejam descobertas, e assim possamos estar certos da existência delas. Além disso, não se trata de uma mera descoberta: o verdadeiro crescimento na graça é consequência de provações santificadoras. Muitas vezes, Deus nos tira o nosso conforto e privilégios para fazer de nós cristãos melhores. Ele treina Seus soldados; não em barracas de facilidade e do luxo, mas os transforma e os usa para marchas forçadas e para o serviço pesado. Ele os faz atravessar córregos rasos, nadar através de rios, escalar montanhas e andar longas distâncias com mochilas pesadas de tristeza nas costas.

Bem, será que isto não pode ser o motivo dos problemas que você está passando? Não é o Senhor revelando suas qualidades e fazendo-as se desenvolver? Não seria essa a razão por que Ele contende com você?

[38]Adaptado de Manhã, 18 de fevereiro.

Oração

Deus, como é triste saber que, para que eu cresça saudável na fé, devo passar por dificuldades e sofrimentos. Sei que todos à minha volta passam pelo mesmo. Se não fosse esse Seu trabalhar, com certeza seríamos mais egoístas e egocêntricos, o que traria ainda mais maldade ao mundo. Ajude-me a entender que tudo isso é parte do Seu processo de me fazer um filho melhor para o Senhor e um irmão melhor para o meu próximo.

Desafio da semana

Durante esta semana, leia a carta de 1 Tessalonicenses na Nova Tradução na Linguagem de Hoje (NTLH) e veja como o apóstolo Paulo fala acerca da perseguição e outros sofrimentos que os cristãos passam e qual a esperança que os mantém firmes apesar de todas as dificuldades.

> **"Quando escrevo, tenho um espelho para a minha alma.**

Bônus

Corrie ten Boom foi uma holandesa, parte do movimento de resistência ao regime nazista, que foi presa em um campo de concentração, juntamente com sua família, por esconder judeus em sua casa. Seu sofrimento acabou trazendo crescimento espiritual e levando muitos a Cristo. Leia alguns devocionais que ela escreveu e veja o que ela pôde aprender com sua experiência.

O SUFICIENTE PARA O DIA

Leitura bíblica: 1 Timóteo 6:6-10

No entanto, a devoção acompanhada de contentamento é, em si mesma, grande riqueza. Afinal, não trouxemos nada conosco quando viemos ao mundo, e nada levaremos quando o deixarmos. Portanto, se temos alimento e roupa, estejamos contentes. Mas aqueles que desejam enriquecer caem em tentações e armadilhas e em muitos desejos tolos e nocivos, que os levam à ruína e destruição. Pois o amor ao dinheiro é a raiz de todo mal. E alguns, por tanto desejarem dinheiro, desviaram-se da fé e afligiram a si mesmos com muitos sofrimentos.

Para você entender

Na meditação de hoje, Spurgeon mencionará uma parte interessante da história de Israel. Tudo começa quando o rei Nabucodonosor cerca Jerusalém pela segunda vez, em 597 a.C., e deporta o então rei, Joaquim.

A situação dos reis exilados era difícil. Por representarem ameaça ao imperador, ficavam presos e eram alvo de humilhações. No entanto, não foi assim com Joaquim. Por algum motivo, ele contou com a simpatia do sucessor de Nabucodonosor e foi tratado com dignidade, não lhe faltando *suprimento diário* à mesa do próprio imperador (2Re 25:27-30). O exílio babilônico foi punição divina para a idolatria de Israel, mas, mesmo assim, Deus se incumbiu de preservar os descendentes da casa real de Davi, de onde, séculos mais tarde, viria o Messias, Jesus.

Perguntas para reflexão

1. Muitas vezes vivemos ansiosos por aquilo que desejamos conquistar. Ter planos e alvos não é errado, bem pelo contrário. Como você explicaria o equilíbrio entre o planejar e o confiar em Deus?

2. Vivemos em uma sociedade consumista. Por exemplo, nem bem um modelo de celular entra no mercado, já há uma nova versão que passa a ser ambicionada por ter configurações aperfeiçoadas. É difícil ver pessoas que se contentam com o que possuem. É mais fácil querer mais. Como podemos lutar contra esse tipo de pressão do grupo?

3. Davi escreveu o belo Salmo 23, em que afirma, com certeza, de que não terá falta de nada. Ele passou anos de sua vida como fugitivo e, mais tarde teve de enfrentar a rebelião de um de seus filhos e sair do palácio. Como ter o mesmo tipo de confiança de Davi, quer moremos em uma caverna ou em um palácio?

MEDITAÇÃO 38[39]

"Assim o rei lhe deu uma provisão diária de alimento pelo resto de sua vida." (2 Reis 25:30)

Joaquim não foi expulso do palácio do rei com um suprimento para durar alguns meses, mas suas provisões eram dadas como pensão diária. Aqui é retratada a alegre posição de todo o povo do Senhor. Uma porção diária *é tudo o que alguém realmente quer*. Não precisamos dos suprimentos de amanhã; esse dia ainda não nasceu e suas necessidades ainda não existem. A sede que podemos ter no mês de junho não precisa ser saciada em fevereiro, pois ainda não a sentimos; se temos o suficiente para cada dia, conforme os próximos dias chegarem, não teremos o que desejar. O suficiente para o dia é *tudo o que podemos querer.*

Não podemos comer, beber ou vestir mais do que o suprimento de comida, bebida e vestuário do dia; tudo aquilo que temos em excesso nos traz a preocupação de guardar e a ansiedade de vigiar contra o ladrão. Um cajado ajuda o viajante, mas um feixe de cajados é um fardo pesado. O suficiente é tão bom quanto um banquete completo e é tudo o que o maior guloso pode realmente apreciar. Isso *é tudo o que deveríamos esperar*. Desejar mais do que isso, é ingratidão.

Quando nosso Pai não nos dá mais, deveríamos nos contentar com Sua dose diária. O caso de Joaquim é o nosso, temos uma porção certa, uma porção que *nos é dada pelo Rei*, uma porção *graciosa*, e uma *porção perpétua*. Aqui está um solo fértil para gratidão.

Amado jovem, na questão da graça *você precisa de um suprimento diário*. Não há um estoque de força. Dia a dia deve buscar a ajuda do alto. É uma segurança muito doce saber que *uma porção diária é fornecida a você*. Na Palavra, por meio da meditação, da oração e da espera em Deus, você receberá força renovada. Em Jesus tudo o que é necessário foi destinado para

[39]Adaptado de Manhã, 14 de fevereiro.

você. Então *desfrute sua porção contínua.* Nunca tenha fome enquanto o pão diário da graça está na mesa da misericórdia.

Oração

Senhor, agradeço porque sei que o Senhor não permitirá que me falte tudo aquilo de que preciso. Ajude-me a viver o hoje com a certeza de que serei suprido amanhã. Quero ser perseverante em meus esforços para ter um futuro melhor, mas descansar sabendo que, sempre que eu resolver depender do Senhor de verdade, o Senhor fará melhor do que eu espero. Amém!

Desafio da semana

Escreva uma carta para Deus contando sobre seus planos e agradecendo por sua vida hoje. Coloque-a dentro de um recipiente que será a sua cápsula do tempo e determine uma data em que o abrirá. Você vai se surpreender com o agir de Deus conduzindo a sua vida se confiar que Ele o proverá diariamente não só de coisas materiais, mas de orientação, sabedoria e forças.

> “Quando escrevo, tenho um espelho para a minha alma.”

Bônus

Planejar sendo sempre grato a Deus por tudo é um dos segredos da alegria verdadeira. Assista a este vídeo e veja duas jovens conversando sobre o contentamento e contando histórias lindas para ilustrar o tema.

AMOR SAZONAL?

Leitura bíblica: Hebreus 10:35-39

Portanto, não abram mão de sua firme confiança. Lembrem-se da grande recompensa que ela lhes traz. Vocês precisam perseverar, a fim de que, depois de terem feito a vontade de Deus, recebam tudo que ele lhes prometeu. "Pois em breve virá aquele que está para vir; não se atrasará. Meu justo viverá pela fé; se ele se afastar, porém, não me agradarei dele." Mas não somos como aqueles que se afastam para sua própria destruição. Somos pessoas de fé cuja alma é preservada.

Para você entender

A palavra sazonal refere-se às quatro estações do ano. Embora Eclesiastes 3 afirme que tudo na vida tem um tempo, há coisas que são atemporais. Nossa comunhão com Deus é uma delas. Não podemos ser mais próximos de Deus no verão do que somos no inverno, isto é, quando a vida passar por épocas mais alegres ou mais tristes. Nosso relacionamento com Deus deve ser sempre crescente e independente das circunstâncias.

Diante de privações ou abundância, saúde ou doença, companhia ou solidão, compreensão ou incompreensão, nosso amor pelo Criador deve ser constantemente reforçado. Uma das formas de isso acontecer é justamente por enfrentar as diferentes estações que a vida traz com a confiança da presença e da bênção de Deus.

Perguntas para reflexão

1. A vida passa por grandes variações. Nada é muito estável neste mundo, inclusive as nossas emoções. Como a confiança em Deus pode nos ajudar nesses momentos de oscilação?

2. Você ama a Deus de todo o seu coração, alma, força e entendimento? Por que você o ama?

3. Como você se sente em relação a Deus nos momentos de provação? Como você espera que Deus aja nesses tempos? Suas expectativas correspondem ao que Ele promete na Bíblia?

MEDITAÇÃO 39[40]

"Será que Jó não tem razões para temer a Deus?...".

(Jó 1:9 NVI)

Esta foi uma pergunta maldosa de Satanás sobre Jó, aquele justo homem na antiguidade. Porém, nos dias de hoje, há muitos sobre os quais a pergunta poderia ser feita com justiça, pois amam a Deus porque está na moda ou porque Ele os prospera, mas se as circunstâncias não fossem boas, desistiriam de anunciar sua fé nele. Se puderem ver claramente que desde a sua suposta conversão o mundo seguiu prosperando com eles, amarão a Deus de sua pobre maneira carnal. Entretanto, se enfrentarem a dificuldade, se rebelarão contra o Senhor. Seu amor é pela mesa, não pelo anfitrião; um amor à despensa, não ao dono da casa.

Quanto ao verdadeiro cristão, ele espera que terá sua recompensa na próxima vida e enfrentará dificuldade nesta. Lembre-se das palavras de Cristo: "Todo ramo que, estando em mim, não dá fruto..." — como continua? — "ele corta. Todo ramo que dá fruto, ele poda, para que produza ainda mais" (Jo 15:2). Se você der frutos, deverá enfrentar aflição. "Nossa!", você diz, "mas essa é uma perspectiva horrível!". Porém, essa aflição traz resultados tão preciosos, que o cristão que a enfrenta deve aprender a alegrar-se nas adversidades porque as consolações de Cristo Jesus são tão abundantes quanto as suas tribulações.

Descanse tranquilo! Se você é um filho de Deus, é parte da videira. Não tema! Em vez disso, alegre-se de que tempos de produtividade estão guardados para você, pois neles você será libertado da Terra e será digno do Céu; será liberto do apego ao presente e estará pronto para ansiar pelas coisas eternas que lhe serão reveladas. Quando sentir que no presente está servindo a Deus sem esperar recompensa, você se alegrará com a recompensa eterna do futuro.

[40]Adaptado de Noite, 22 de janeiro.

Oração

Senhor Deus, hoje peço que meu amor ao Senhor não seja ligado a nada que possa ter aqui nessa vida. Que eu o ame pelo que o Senhor é e por Sua companhia ao meu lado todos os dias. Que eu não seja um "cristão interesseiro", que só se aproxima do Senhor ou lhe serve porque espero alguma bênção passageira. Peço que eu me alegre com o que recebo de Suas mãos aqui, seja o bem ou o mal, sabendo que tudo o que o Senhor faz tem um propósito bom para mim. Amém!

Desafio da semana

Leia 1 João duas vezes esta semana e anote tudo o que achar sobre o que diferencia um cristão verdadeiro de um não cristão. Qual é o item essencial que faz toda a diferença nessa distinção?

> **"Quando escrevo, tenho um espelho para a minha alma.**

Bônus

Você já pensou no que é "ter sede de Deus", como diz o salmista (Sl 42:1-2)? Essa pessoa coloca Deus como a prioridade em sua vida, pois, assim como não vivemos sem água, ela não consegue se ver longe do Senhor. Assista à leitura do devocional, e veja como Deus deseja que você o ame.

UM MESTRE (IN)DESEJADO

Leitura bíblica: Hebreus 5:7-10

Enquanto Jesus esteve na terra, ofereceu orações e súplicas, em alta voz e com lágrimas, àquele que podia salvá-lo da morte, e suas orações foram ouvidas por causa de sua profunda devoção. Embora fosse Filho, aprendeu a obediência por meio de seu sofrimento. Com isso, foi capacitado para ser o Sumo Sacerdote perfeito e tornou-se a fonte de salvação eterna para todos que lhe obedecem.

Para você entender

Não é estranho pensar que alguém que sabe tudo ainda tenha alguma coisa para aprender? Em nossos versículos de hoje, fala-se que Jesus "aprendeu a obediência por meio de seu sofrimento". Ao contrário de nós, Cristo não nasceu em um estado de rebeldia contra Deus (pecado). Não passou da desobediência à obediência. Mas Ele, que sempre teve tudo sob Seu comando, agora precisava aprender a se submeter totalmente à vontade do Pai porque havia assumido uma natureza finita e limitada, a fim de se identificar completamente conosco.

O sofrimento foi o mestre de Jesus na matéria "humanidade". Assim sendo, não dá para imaginar que, como filhos adotivos de Deus, Ele vá nos poupar daquilo de que não poupou Seu próprio Filho unigênito. Jesus tomou a cruz e nos ordenou que fizéssemos o mesmo se queremos ser Seus discípulos. Lembre-se que até mesmo o sofrimento de Jesus foi consequência de nosso pecado, e que Ele decidiu passar por isso unicamente por amor.

Perguntas para reflexão

1. Você já teve um professor de quem você inicialmente não gostava, mas que no final percebeu como uma influência muito positiva em sua vida? O sofrimento pode fazer o mesmo, aperfeiçoando você como pessoa e, principalmente, como servo de Deus; o que você acha disso?

2. Pense em tudo a que Jesus teve de se sujeitar para fazer a vontade do Pai e nos salvar. Lembre-se de que até mesmo Ele sentiu aflição pouco antes de ser crucificado. Como isso afeta sua visão quanto ao sofrimento?

3. Como admitir que é verdade que o cristão sofre, sem adotar uma postura de derrota? Como podemos encontrar o equilíbrio sobre como nossas alegrias e tristezas vão nos afetar?

MEDITAÇÃO 40[41]

"Embora fosse Filho, aprendeu a obediência por meio de seu sofrimento."

(Hebreus 5:8)

Neste versículo, aprendemos que Jesus, o Líder de nossa salvação, foi aperfeiçoado por meio do sofrimento. Assim sendo, nós (que somos pecadores e estamos longe de sermos perfeitos) não devemos nos espantar quando somos chamados a passar também por sofrimentos. A Cabeça, ou seja, Jesus (Cl 1:18), deve ser coroada com espinhos, e os outros membros do corpo embalados no colo macio da tranquilidade? Cristo teve de atravessar os mares de Seu próprio sangue para ganhar a coroa, e nós andaremos para o Céu com os pés secos em sandálias cheias de pedras preciosas?

Não, a experiência de nosso Mestre nos ensina que o sofrimento é necessário, e que o verdadeiro filho de Deus não irá, e não deveria, escapar dele mesmo que pudesse. Mas há uma ideia que traz consolo no fato de Cristo ter aprendido por meio de sofrimentos: Ele pode ter completa compaixão por nós. "Nosso Sumo Sacerdote entende nossas fraquezas..." (Hb 4:15). Nessa compaixão de Cristo encontramos um poder que nos sustenta. Um dos primeiros mártires disse: "Eu posso suportar tudo, pois Jesus sofreu e Ele sofre em mim agora; Ele tem compaixão de mim e isto me fortalece".

Você precisa se agarrar a esse pensamento em todas as horas de aflição. Que você seja fortalecido ao se lembrar de Jesus enquanto segue Seus passos. Encontre um doce apoio em Sua compaixão e lembre-se de que sofrer é honroso — sofrer por Cristo é a glória. Os apóstolos se alegraram por terem sido considerados dignos de passar por isso. Na mesma medida em que o Senhor nos dá a graça de sofrer por Cristo e com Cristo, Ele nos honrará. As joias de um cristão são suas aflições. As medalhas de reis a quem Deus ungiu são seus problemas, suas tristezas, suas angústias.

[41]Adaptado de Manhã, 29 de março.

Então, que não evitemos ser honrados e exaltados dessa forma. Aflições nos exaltam e problemas nos elevam. "Se perseverarmos, com ele reinaremos..." (2Tm 2:12).

Oração

Querido Deus, agradeço por tudo o que Jesus se submeteu a passar para me salvar. Essa foi uma obra que trouxe dor a Ele e ao Seu coração de Pai também. Infelizmente, reconheço que meu pecado ainda me trará muitas dores e decepções nesta vida, mas me ajude a aprender para não ficar repetindo os erros. Que eu também aprenda a obediência ao Senhor por meio do sofrimento, e que isso me traga paz e alegria, mesmo em momentos de dificuldades.

Desafio da semana

> "Quando escrevo, tenho um espelho para a minha alma."

Estamos cercados de pessoas enfrentando situações difíceis, mesmo que elas não nos falem a respeito de suas lutas. Procure usar suas redes sociais para trazer uma palavra de esperança. Lembre, primeiro a você mesmo e depois aos seus amigos, de que Jesus sabe o quanto dói sofrer e conhece nossas fraquezas. Além disso, Ele se propõe a nos ajudar trazendo consolo e força para superarmos os momentos ruins.

Bônus

O mau uso das redes sociais tem causado problemas sérios de saúde mental para algumas pessoas. Esse é um tipo novo de sofrimento ligado à era da tecnologia. Como podemos usar nossas redes sociais para trazer conteúdo positivo? Leia o artigo a seguir e faça o propósito de ser um promotor da paz e uma boa influência no meio digital também.

A FACULDADE DO CONTENTAMENTO

Leitura bíblica: Filipenses 4:4-8,11-13

Alegrem-se sempre no Senhor. Repito: alegrem-se! Que todos vejam que vocês são amáveis em tudo que fazem. Lembrem-se de que o Senhor virá em breve. Não vivam preocupados com coisa alguma; em vez disso, orem a Deus pedindo aquilo de que precisam e agradecendo-lhe por tudo que ele já fez. Então vocês experimentarão a paz de Deus, que excede todo entendimento e que guardará seu coração e sua mente em Cristo Jesus. Por fim, irmãos, quero lhes dizer só mais uma coisa. Concentrem-se em tudo que é verdadeiro, tudo que é nobre, tudo que é correto, tudo que é puro, tudo que é amável e tudo que é admirável. Pensem no que é excelente e digno de louvor.

[...] aprendi a ficar satisfeito com o que tenho. Sei viver na necessidade e também na fartura. Aprendi o segredo de viver em qualquer situação, de estômago cheio ou vazio, com pouco ou muito. Posso todas as coisas por meio de Cristo, que me dá forças.

Para você entender

É possível estar contente, ou satisfeito, o tempo todo? O apóstolo Paulo diz que sim, diante de qualquer situação é possível estar satisfeito. Veja que essa é uma atitude mais mental do que circunstancial. Para aprender o contentamento, primeiramente devemos nos "alegrar no Senhor", depois "não andar preocupado". Por fim, encher nossa mente com tudo o que é excelente. Parece um mundo de fadas, não? Mas não é. Pelo contrário, é um conselho bíblico e aplicável.

Então como colocar isso em prática? Não se negando a estudar na escola do contentamento. Isso vai exigir passar por provas de dores e privações aprendendo a reagir a elas baseado na fé em Cristo. Reprovou uma vez? Não tem problema! Inscreva-se novamente na matéria até que consiga dominá-la. Qual o prêmio para os aprovados? Paz mental!

Perguntas para reflexão

1. Com exceção de nossos reflexos básicos de sobrevivência, não nascemos sabendo muita coisa. A vida é uma escola e oferece diferentes professores e matérias. Podemos escolher quem desejamos que nos ensine e o que vamos aprender. Anote abaixo algumas coisas que já aprendeu e colocou em prática a partir do estudo da Bíblia.

2. Cite uma pessoa que é referência de fé para você. Por que você a considera um bom exemplo? O que você poderia fazer para desenvolver as mesmas características que ela apresenta?

3. Explique em suas próprias palavras como aplicar Filipenses 4:8 em sua vida: "Concentrem-se em tudo que é verdadeiro, tudo que é nobre, tudo que é correto, tudo que é puro, tudo que é amável e tudo que é admirável".

MEDITAÇÃO 41[42]

"...aprendi a ficar satisfeito com o que tenho."

(Filipenses 4:11)

O contentamento não é uma característica natural do homem. Ervas daninhas crescem rapidamente. A inveja, o descontentamento e a murmuração são tão naturais ao homem como os espinhos são para o solo. Não precisamos semear ervas daninhas; elas nascem naturalmente e em abundância, porque são naturais da terra. Da mesma forma, não precisamos ensinar aos homens a reclamar; eles reclamam rápido o bastante sem nenhum aprendizado. Porém, as coisas mais preciosas da terra devem ser cultivadas. Se quisermos ter trigo, precisamos arar e semear; se quisermos flores, devemos ter um jardim e todo o cuidado com ele.

Então, o contentamento é uma das flores do Céu, e se o quisermos, ele deve ser cultivado; não crescerá em nós naturalmente. Apenas a nova natureza em Cristo (2Co 5:17) pode produzi-lo e, mesmo assim, devemos ser especialmente cuidadosos e alertas para manter e cultivar a graça que Deus semeou em nós. Paulo diz: "Aprendi a ficar satisfeito"; isso quer dizer que houve um tempo em que ele não sabia como fazer isso. Custou a ele algumas dores para alcançar o mistério daquela grande verdade. Sem dúvida, algumas vezes, ele achou que havia aprendido, e então caiu. E quando finalmente conseguiu, pôde dizer: "Aprendi o segredo de viver em qualquer situação" (Fl 4:12). Quando ele escreveu isso era um homem idoso e grisalho às portas do túmulo — um pobre prisioneiro acorrentado na masmorra de Nero, em Roma.

Podemos estar dispostos a suportar as fragilidades de Paulo e compartilhar a fria masmorra com ele se também, por qualquer meio, estivermos dispostos a alcançar seu equilíbrio. Não pense que você pode aprender a viver contente com lições teóricas, ou aprender sem disciplina. Não é

[42]Adaptado de Manhã, 16 de fevereiro.

um poder que possa ser exercitado naturalmente, mas uma ciência a ser adquirida aos poucos. Sabemos disso por experiência. Amado, cale aquele lamento, por mais natural que seja, e continue a ser um aluno aplicado na Faculdade do Contentamento.

Oração

Pai de amor, está aí uma escola em que não vemos muitos matriculados ou formandos hoje em dia. É mais fácil ceder à nossa natureza insatisfeita do que aprender a estar contente em toda e qualquer situação. Peço que o Senhor me ajude a me matricular nessa faculdade e a insistir nesse estudo até que eu também possa dizer, com confiança, que aprendi a estar satisfeito com tudo. Amém!

> “Quando escrevo, tenho um espelho para a minha alma.

Desafio da semana

Para aprendermos a ser contentes em toda e qualquer situação, precisamos mudar nossa atitude mental diante dos desafios que enfrentamos. Algumas situações e alguns tipos de pensamento nos roubam a alegria e tiram a paz.

Anote em um caderno tudo aquilo que você classificaria como ladrão de alegria e de satisfação em sua vida. Ore por isso e procure versículos bíblicos que o ajudem a afastar esses ladrões de sua mente.

Bônus

Às vezes, a nossa agitação nos impede de termos a tranquilidade mental que a pessoa satisfeita sempre tem. Assista a este vídeo e veja como descansar em Deus.

DESAFIO: ESCALAR A MONTANHA

Leitura bíblica: Isaías 2:2-4

Nos últimos dias, o monte da casa do SENHOR será o mais alto de todos. Será elevado acima de todos os outros montes, e povos de todo o mundo irão até lá para adorar. Gente de muitas nações virá e dirá: "Venham, vamos subir ao monte do SENHOR, à casa do Deus de Jacó. Ali ele nos ensinará seus caminhos, e neles andaremos". Pois a lei do SENHOR sairá de Sião; sua palavra virá de Jerusalém. O SENHOR será mediador entre os povos e resolverá os conflitos das nações. Os povos transformarão suas espadas em arados e suas lanças em podadeiras. As nações deixarão de lutar entre si e já não treinarão para a guerra.

Para você entender

Nesta meditação, Spurgeon falará sobre o miasma, como eram chamados na época os vapores envenenados que tomavam conta de alguns vales suíços quando a rede de esgoto não era disponível para todos. Porém, a falta de saneamento não era comum apenas àquela região. Assim sendo, sempre que houvesse um pântano próximo a uma depressão entre montanhas onde esses gases se acumulassem, havia um sério risco e muitas vidas eram dizimadas. Isso aconteceu até mesmo no Brasil.

A ilustração serve para nos alertar de que nossa vida pode até ter seus momentos de "vale escuro da morte" (Sl 23:4), mas eles são apenas períodos e não uma situação fixa. A hora de subir a montanha vai chegar e não podemos perder essa oportunidade. Deter-se no vale é arriscar cair diante do veneno da angústia e depressão prolongadas. O convite é: quando chegar a hora, saia do vale rapidamente. Porém, saiba que até lá Jesus está com você para cuidar de sua vida, por isso não tema.

Perguntas para reflexão

1. Você já passou por um período prolongado de tristeza, seguido de um período de paz e alegria? O que isso lhe ensina?

2. A esperança é indispensável para quem está sofrendo, ela nos ajuda a focar nas montanhas que cercam o nosso vale. Como manter o coração esperançoso de que o tempo de dificuldade vai passar?

3. Qual o perigo de alimentar os sentimentos de tristeza, inferioridade e incapacidade? Como a Bíblia pode nos ajudar a superar esses sentimentos?

MEDITAÇÃO 42[43]

"Venham, vamos subir ao monte do SENHOR...".

(Isaías 2:3)

Faz muito bem para nossa alma subir deste mundo maligno para algo mais nobre e melhor. As preocupações dessa vida e a sedução das riquezas estão prontas a sufocar tudo de bom que há em nós (Mt 13:22), e nos tornamos inquietos, desanimados, talvez orgulhosos e carnais. É bom cortarmos esses espinhos, pois a semente celeste crescendo entre eles não dará uma boa colheita. E onde encontraremos uma foice melhor para cortá-los do que na comunhão com Deus e entre as coisas do reino?

Nos vales da Suíça [N.E.: no século 19], muitos dos habitantes eram deformados e tinham uma aparência doentia, pois acreditava-se que a atmosfera fechada e estagnada era carregada com miasma. Mas, ao subir as montanhas, você encontraria pessoas mais fortes por respirar o ar fresco que vinha da neve do topo dos montes alpinos. Seria bom se os habitantes do vale pudessem, com frequência, deixar suas casas entre os pântanos e os vapores e inspirar o elemento tonificante no alto das montanhas. Hoje eu o convido a explorar uma escalada.

Que o Espírito de Deus nos ajude a abandonar a neblina do medo e as febres da ansiedade, e todas as doenças que se juntam neste vale que é o planeta Terra, e nos ajude a subir às montanhas de alegrias e bem-aventuranças. Que Deus, o Espírito Santo, corte as cordas que nos mantêm aqui embaixo e nos ajude a escalar!

Com muita frequência nos sentamos como águias acorrentadas à rocha. Só que ao contrário da águia, começamos a amar nossas correntes e, talvez, se a provação realmente vier, ficaremos relutantes em quebrá-las. Que Deus agora nos garanta graça; se não podemos escapar das correntes por nossa força física, ainda assim façamos isso em nosso espírito.

[43]Adaptado de Noite, 4 de abril.

Oração

Querido Pai, reconheço que às vezes eu mesmo sou a razão do prolongamento do meu sofrimento. Em vez de encher minha mente com as Suas promessas, prefiro acreditar que não tem escapatória para mim. Que o Senhor me ajude a desejar subir o Seu monte para te encontrar, onde a Sua paz e alegria estarão me aguardando. Amém!

Desafio da semana

> “Quando escrevo, tenho um espelho para a minha alma.

Você tem passado por um período prolongado de tristeza e desânimo? Já pensou em compartilhar isso com alguém? Buscar ajuda de pessoas capacitadas não é falta de fé. Fale com seu pastor ou líder de jovens. Eles o encaminharão para ajuda profissional, se isso for necessário.

Procure versículos na Bíblia que falem de alegria. Anote um por dia em seu caderno e louve a Deus por cada uma dessas mensagens.

Bônus

É possível encontrar motivos para ter paz e alegria mesmo em lugares terríveis como os campos de concentração nazistas? Assista ao filme “O refúgio secreto”, acesse o *QR Code*, uma história cristã real e clássica, que traz uma mensagem de perdão e esperança em tempos obscuros.

HERÓI DE VERDADE

Leitura bíblica: Isaías 41:17-20

Quando os pobres e necessitados procurarem água e não a encontrarem, e tiverem a língua ressequida de sede, eu, o SENHOR, os ouvirei; eu, o Deus de Israel, jamais os abandonarei. Abrirei rios para eles nos planaltos e lhes darei fontes de água nos vales. Encherei o deserto de açudes e a terra seca, de mananciais. Plantarei árvores no deserto: cedro, acácia, murta, oliveira, cipreste, abeto e pinheiro. Assim, todos que virem esse milagre entenderão o que ele significa: o SENHOR fez isso, o Santo de Israel o criou.

Para você entender

Vivemos em um tempo de apego extremo a heróis imaginários; até na vida real, quando alguém tem atitude de coragem e altruísmo, projeta-se neles a imagem de anti-herói. Fazemos isso porque desejamos pessoas perfeitas. Mas elas não existem — não entre os humanos! Somos capazes de atos heroicos, mas não de sermos livres de defeitos.

Somente Jesus realmente não nos decepcionará! Mesmo quando Ele parece em silêncio e imóvel aos nossos olhos, está preparando aquilo de que precisamos para termos vida plena. Ele entregou o melhor de si e não nos negará todo o necessário para que sejamos o que Ele quer que sejamos. Cristo não tem defeito e nunca muda em Sua essência. Com Ele não existe estar um dia disposto a nos ajudar e no outro, estar ocupado demais para agir por nós. Ele não nos julga errado. Tudo o que precisamos é confiar nele para nos beneficiar dessas verdades.

Perguntas para reflexão

1. O ser humano gosta de inventar heróis imaginários, desde os super-heróis, até as celebridades, os políticos, o dinheiro, a fama etc. Quando eles falham, há um sentimento de desesperança que nos desmotiva. Como confiar num Deus invisível quando temos tantas ofertas de "deuses" para resolver nossos problemas?

2. Como é possível encontrar o equilíbrio entre confiar nas pessoas e instituições (já que não podemos andar desconfiados todo o tempo), mas não substituir Deus por nenhuma delas?

3. Se Deus é Todo-poderoso e está sempre disposto a ajudar, como explicar que haja tanto sofrimento no mundo?

MEDITAÇÃO 43[44]

"...não tenha medo, pequenino Israel, pois eu o ajudarei...".

(Isaías 41:14)

Hoje, vamos ouvir o Senhor Jesus dizer a cada um de nós: "Eu o ajudo". "É algo simplesmente pequeno para mim, seu Deus, ajudá-lo. Pense no que Eu já fiz. O quê, não o ajudei? Eu o comprei com o meu sangue. Não o ajudei? Eu morri por você e, se fiz o mais difícil, não faria aquilo que é menor? Ajudar você, esse é o mínimo que farei; já fiz mais, e farei mais. Antes do início do mundo, eu escolhi você.

Fiz o pacto por você. Deixei minha glória de lado e me tornei homem por você; abri mão da minha vida por você; e se fiz isso tudo, certamente o ajudarei agora. Ao ajudá-lo, estarei lhe dando o que Eu já comprei para você. Se precisar de ajuda mil vezes, eu a darei a você. Você pede pouco comparado ao que estou pronto para dar. Esse muito que você precisa não é nada para que eu lhe dê. 'Eu o ajudarei?' Não tema! Se houvesse uma formiga à porta do seu celeiro pedindo ajuda, você não ficaria mais pobre por lhe dar um punhado do seu trigo; e você é como este pequeno inseto à porta da minha plena suficiência. 'Eu o ajudarei.'"

Isso não é suficiente para mim? Preciso de mais força do que a onipotência da Santa Trindade? Quero mais sabedoria do que existe no Pai, mais amor do que se mostra no Filho, ou mais poder do que é manifesto na influência do Espírito? Posso levar o meu jarro vazio porque esse poço, com certeza, o encherá.

Venha depressa, reúna seus desejos e traga-os para cá — seu vazio, seus problemas, suas necessidades. Esse rio de Deus está cheio para abastecer você; o que mais você poderá querer? Vá em frente nessa força. O Deus Eterno é o seu socorro!

[44]Adaptado de Manhã, 16 de janeiro.

Oração

Deus, preciso confessar que, muitas vezes, quando estou precisando de alguma coisa importante eu "bato em outras portas" primeiro. Só por último penso em buscar a Sua ajuda, depois que todo o resto não deu certo. Ajude-me a buscar o Senhor primeiro e deixar que Sua mão me dirija ao melhor caminho para resolver meu problema. O Senhor é tudo de que preciso! Amém!

Desafio da semana

> "Quando escrevo, tenho um espelho para a minha alma."

Não está errado confiar em seus pais, médicos, psicólogos, pastores, policiais, professores. Todas essas pessoas podem ser usadas por Deus para o ajudar com seus problemas. Mas não seria diferente se pedisse primeiro que Deus o levasse ao melhor médico, ao policial que vai poder ajudá-lo, ao psicólogo que o entenderá? E, diante de desafios como o vestibular, não seria interessante pedir que Deus abençoasse sua compreensão enquanto você estuda as matérias?

Faça uma lista de necessidades suas e submeta-as a Deus nesses próximos dias. Lembre-se de que Ele está sempre disposto a ajudá-lo, dando-lhe coisas até melhores do que você espera.

Bônus

Lembrar-nos das promessas de Deus é um exercício que nos ajuda a aumentar nossa fé de que Ele nos ajudará sempre que precisarmos, e da forma como necessitamos. Leia alguns devocionais com promessas divinas e alimente seu coração com esperança.

CALMO EM MEIO À TEMPESTADE

Leitura bíblica: Atos 27:18-26

No dia seguinte, como ventos com força de vendaval continuavam a castigar o navio, a tripulação começou a lançar a carga ao mar. No terceiro dia, removeram até mesmo parte do equipamento do navio e o jogaram fora. A tempestade terrível prosseguiu por muitos dias, escondendo o sol e as estrelas, até que perdemos todas as esperanças.

Fazia tempo que ninguém comia. Por fim, Paulo reuniu a tripulação e disse: "Os senhores deveriam ter me dado ouvidos no princípio e não ter deixado Bons Portos. Teriam evitado todo este prejuízo e esta perda. Mas tenham bom ânimo! O navio afundará, mas nenhum de vocês perderá a vida. Pois, ontem à noite, um anjo do Deus a quem pertenço e sirvo se pôs ao meu lado e disse: 'Não tenha medo, Paulo! É preciso que você compareça diante de César. E Deus, em sua bondade, concedeu proteção a todos que navegam com você'. Portanto, tenham bom ânimo! Creio em Deus; tudo ocorrerá exatamente como ele disse. É necessário, porém, que sejamos impulsionados para uma ilha".

Para você entender

O mar é imprevisível. Ele pode estar calmo num instante e, pouco tempo depois, ficar completamente agitado. Suas mudanças podem ser ocasionadas por tempestades, por movimentos das placas tectônicas sob o oceano ou por erupção vulcânica. Todas essas são coisas sobre as quais não temos domínio. Podemos tomar precauções usando a tecnologia, mas não podemos impedir que elas ocorram.

Da mesma forma, muito sofrimento humano é ocasionado por fatores que fogem ao nosso controle: o erro de outros. Em Atos 27, Paulo tentou avisar uma tripulação experiente de que aquele não era o melhor tempo para navegar, mas não foi ouvido e ficou preso em uma tempestade marinha com todos os demais. O que o diferenciava? Sua calma baseada na fé na Palavra de Deus. A tempestade não foi aliviada, porém eles chegaram salvos ao destino que Deus tinha dito que chegariam.

Perguntas para reflexão

1. Muitas vezes, nosso sofrimento é gerado no erro de outra pessoa. Um pai de família que faz um investimento equivocado, um político que toma decisão errada, um motorista distraído etc. O que você pode fazer para evitar que suas decisões prejudiquem você e outras pessoas?

2. A Palavra de Deus diz que é possível ter paz em meio às tempestades da vida (aquelas coisas que não controlamos). Isso não é natural do ser humano. Quais atitudes devemos tomar quando não temos o poder de mudar a situação em que nos encontramos?

3. Paulo acalmou pessoas mais experientes do que ele na navegação e cuidou de suas necessidades físicas durante um momento de crise. O que isso lhe ensina sobre ajudar pessoas em momentos de dificuldades mesmo que você esteja no mesmo barco que elas?

MEDITAÇÃO 44[45]

"Pois, ontem à noite, um anjo do Deus a quem pertenço e sirvo se pôs ao meu lado...". (Atos 27:23)

A tempestade e a longa escuridão, juntamente com o risco iminente de o barco afundar, trouxeram para a tripulação uma situação triste. Apenas um homem entre eles se mantinha perfeitamente calmo, e por sua palavra os demais foram tranquilizados. Paulo era o único que tinha coragem suficiente para dizer: "Senhores, tenham bom ânimo." Havia veteranos legionários romanos a bordo, e velhos marinheiros corajosos, e ainda assim, seu pobre prisioneiro judeu teve mais coragem do que todos eles. Ele tinha um Amigo secreto que mantinha a sua bravura. O Senhor Jesus havia enviado um mensageiro celestial para sussurrar palavras de consolo ao ouvido de Seu servo fiel, por isso ele tinha uma expressão iluminada e falou como um homem tranquilo.

Se temermos ao Senhor, talvez possamos procurar por intervenções oportunas quando estivermos numa situação grave. Anjos não são afastados de nós por tempestades ou escondidos pela escuridão. Serafins não acham humilhante visitar os mais pobres da família celestial. As visitas dos anjos podem ser poucas e distantes em tempos normais, porém serão frequentes em nossas noites de tempestades e perturbações. Amigos podem se afastar de nós quando estamos sob pressão, mas nossa relação com os habitantes do mundo angelical deverá ser mais frequente; e na força das palavras de amor, vindas a nós do trono, pela escada de Jacó (Gn 28:10-19), seremos fortalecidos para atos de heroísmo.

Querido, essa é uma hora de angústia para você? Então peça por ajuda especial. Jesus é o anjo da aliança, e se a Sua presença for buscada agora fervorosamente, ela não será negada. Que alegria essa presença traz ao

[45]Adaptado de Noite, 10 de abril.

coração daqueles que lembram que, como Paulo, esteve um anjo de Deus ao seu lado numa noite de tempestade, quando a âncora não mais segurava a embarcação, e as rochas estavam próximas.

Oração

Querido Deus, lutar contra o mar não é para qualquer um. Até marinheiros experientes já caíram nesse combate. Estou apenas no começo de minha viagem pelos oceanos da vida, mas peço que o Senhor me ajude a manter a calma e usar das estratégias da Sua Palavra para superar, na Sua força, cada uma das tempestades que vier. Amém!

Desafio da semana

> "Quando escrevo, tenho um espelho para a minha alma.

Paulo estava tão afetado fisicamente pela tempestade quanto qualquer um naquele navio. No entanto, ele trouxe uma palavra de consolo e alimentou os tripulantes. Dizem que uma das melhores formas de lidarmos com nosso sofrimento é ajudando outros. Quem você pode ajudar nesta próxima semana? Um amigo precisando de encorajamento, outro precisando de um alerta, outra pessoa que está passando necessidade, alguém que está atarefado e precisa dividir tarefas... Procure ajudar pelo menos uma pessoa e depois avalie qual seu sentimento enquanto o fazia.

....

....

....

....

....

....

....

....

Bônus

Paulo pôde ajudar as pessoas porque recebeu uma palavra de Deus e confiou nela. Nossa sugestão desta semana é que você siga a página do Pão Diário no Instagram e leia diariamente conteúdos que o ajudarão a manter a mente alimentada com as Escrituras.

Parte 6

Vencendo a ansiedade

A ansiedade está entre os maiores problemas de saúde mental da atualidade em todo o mundo. Ela pode estar ligada a situações reais, como ameaça de perda de *status*, mudanças bruscas em ambiente familiar, trabalho ou estudo, insegurança, baixa autoestima, experiências traumáticas etc. Mas ela também pode se relacionar a situações imaginárias, como a antecipação de laudo médico negativo ou nota escolar baixa, sem que haja qualquer indício de que haverá um algum perigo ou dano real.

A atual pressão social ligada ao consumismo ou à aceitação do grupo (muitas vezes gerada pelas interações em redes sociais) aumenta ainda mais os casos de ansiedade. Com tantos fatores desencadeadores, a venda de remédios para tratar desse problema só cresce. Segundo dados da Organização Mundial da Saúde (OMS), pessoas com sérios problemas de saúde mental morrem, normalmente, dez a vinte anos mais cedo do que o restante da população, como consequência de enfermidades físicas provocadas por processos mentais nocivos. Não é uma "coisinha à toa"!

Será que a Bíblia tem alguma mensagem para esta era de depressão e ansiedade? Sim, pois o ser humano sempre teve e sempre terá as mesmas necessidades físicas e mentais. E o Criador da a mente humana, essa esplêndida "máquina", sabe como tratar nossas enfermidades mais escondidas.

Nesta seção de nossos devocionais, traremos oito pílulas com o remédio celestial que nos ajudarão a lidar melhor com todas as coisas que nos provocam temores, sejam eles reais ou imaginários. Se você meditar nessas mensagens, e não apenas as ler, poderá adquirir habilidades para lidar melhor com as coisas que disparam seus gatilhos de ansiedade. Tudo dependerá de sua fé no Deus que falou e tem poder para cumprir a Sua palavra.

PREOCUPADO? POR QUÊ?

Leitura bíblica: Salmo 37:3-5,7

Confie no SENHOR e faça o bem, e você viverá seguro na terra e prosperará. Busque no SENHOR a sua alegria, e ele lhe dará os desejos de seu coração. Entregue seu caminho ao SENHOR; confie nele, e ele o ajudará. [...] Aquiete-se na presença do SENHOR, espere nele com paciência...

Para você entender

A palavra "preocupação" é interessante. Ela tem o sufixo *pre-* seguido do substantivo *ocupação*. Ou seja, esta palavra indica ocupar a mente com antecedência a respeito de algo, uma característica de quem vive muito tempo pensando "no que pode acontecer se...". Como afirma certo dito popular: "Depressão é excesso de passado. Ansiedade é excesso de futuro".

O presente é o que temos de mais concreto, e é neste tempo que temos de nos concentrar. Podemos corrigir erros passados e até evitar problemas futuros se vivermos bem no presente. Por isso, Jesus nos ensinou a orar pelo "pão do dia de hoje". Deus está fora do tempo e não é limitado por ele. Da mesma forma como Ele nos ajuda e supre hoje, fará amanhã, se continuarmos a depender de Sua mão. Viva seu hoje confiando sua vida ao Senhor. O restante... Ele fará.

Perguntas para reflexão

1. Dificilmente passaremos a vida inteira sem preocupações. Pode ser com nossa imagem pessoal, com relacionamentos difíceis, ou até por coisas boas, como a escolha da profissão. Qual o limite entre a preocupação legítima e aquilo que acaba por se tornar um peso para nós?

2. Confiar a Deus as nossas preocupações é um exercício que exige fé. É difícil para você apresentar um problema a Deus e confiar que Ele conduzirá a situação, dando a ela o melhor desfecho? Por quê?

3. Sendo a ansiedade considerada um dos principais problemas de saúde mental de nosso século, como nós, a partir da nossa experiência particular com Cristo, podemos nos libertar dela pouco a pouco?

MEDITAÇÃO 45[46]

"Entregue suas preocupações ao SENHOR, e ele o susterá…".

(Salmo 55:22 NVI)

A preocupação, mesmo exercitada sobre objetos legítimos, se em excesso, tem em si a natureza do pecado. A recomendação de evitar alimentar a preocupação ansiosa é seriamente incutida a nós por nosso Salvador repetidas vezes, e é reiterada pelos apóstolos. Este é um preceito que não pode ser negligenciado porque, se não lhe dermos atenção, cairemos em erro. A essência da preocupação ansiosa é a ideia de que somos mais sábios do que Deus e de que confiamos em nós mesmos, em vez de confiarmos nele para realizar o que Ele se encarregou de fazer por nós. Somos tentados a pensar que Ele esquecerá aquilo de que gostamos; trabalhamos para carregar nosso fardo cansativo, como se Ele fosse incapaz ou não quisesse levá-lo para nós. Então, essa desobediência ao Seu preceito simples, essa incredulidade em Sua Palavra, essa presunção em se intrometer em Sua seara, tudo isso é pecaminoso.

E mais do que isso, a preocupação ansiosa normalmente leva a atos de pecado. Aquele que não consegue deixar tranquilamente seus problemas nas mãos de Deus, mas leva seu próprio fardo, está muito sujeito à tentação de usar meios errados para ajudar a si próprio. Este pecado nos leva a abandonar Deus como nosso conselheiro e, em vez disso, recorrer à sabedoria humana. Isso é recorrer à "cisterna rachada" em vez de recorrer à "fonte de água viva" (Jr 2:13); um pecado que foi atribuído a Israel na antiguidade. A ansiedade nos faz duvidar da benignidade de Deus e, por isso, o nosso amor por Ele esfriará; sentimos desconfiança e isso entristece o Espírito de Deus. Até mesmo nossas orações ficarão prejudicadas, nosso exemplo coerente ficará desfigurado e nossa vida se tornará uma busca por nós mesmos.

[46]Adaptado de Manhã, 26 de maio.

Portanto, a falta de confiança em Deus nos levará ao afastamento dele, mas, se pela simples fé em Sua promessa lançarmos sobre Ele cada fardo que nos sobrevém e não vivermos "...preocupado com coisa alguma..." (Fp 4:6), porque Ele se encarrega de cuidar dos fardos para nós, nos manteremos próximos dele e fortalecidos contra muitas tentações. "Tu, SENHOR, conservarás em perfeita paz aquele cujo propósito é firme; porque ele confia em ti" (Is 26:3).

Oração

Querido Deus, às vezes é difícil reconhecer que a Sua habilidade de resolver questões difíceis é infinitamente melhor do que a minha. Normalmente meu primeiro impulso é eu mesmo tomar a situação sob o meu controle e, só depois que percebo que fracassei, me voltar à confiança no Senhor. Isso só me leva a ficar mental e, muitas vezes, emocionalmente perturbado. Ajude-me a descansar totalmente no Senhor.

Desafio da semana

Nesta semana, anote as situações que o estão perturbando, avalie sua atitude diante de cada uma delas e diariamente ore a Deus para que Ele o ajude a aprender a descansar nele. Só uma dica: esse é um processo que pode levar algum tempo (depende de cada um), mas ele é totalmente possível.

> "Quando escrevo, tenho um espelho para a minha alma.

Bônus

Um dos sintomas da ansiedade é a forma como lidamos com nossa alimentação. Normalmente escolhemos mais açúcar e gorduras quando estamos ansiosos ou tristes. Já viu que em filmes e séries os personagens atacam potes de sorvete? Por que será?

Nossa dica desta semana será uma alimentação que pode ajudar você a desenvolver uma dieta mais saudável (não estamos falando sobre emagrecimento ou massa muscular), que ajude o funcionamento dos seus órgãos e lhe traga mais calma. Leia o artigo e veja que tem coisa boa aí:

A ALEGRIA POSSÍVEL

Leitura bíblica: Jeremias 31:31-34

"Está chegando o dia", diz o SENHOR, "em que farei uma nova aliança com o povo de Israel e de Judá. Não será como a aliança que fiz com seus antepassados, quando os tomei pela mão e os tirei da terra do Egito. Embora eu os amasse como o marido ama a esposa, eles quebraram a aliança", diz o SENHOR. "E esta é a nova aliança que farei com o povo de Israel depois daqueles dias", diz o SENHOR. "Porei minhas leis em sua mente e as escreverei em seu coração. Serei o seu Deus, e eles serão o meu povo. E não será necessário ensinarem a seus vizinhos e parentes, dizendo: 'Você precisa conhecer o SENHOR'. Pois todos, desde o mais humilde até o mais importante, me conhecerão", diz o SENHOR.

Para você entender

Israel, no Antigo Testamento, errou feio com Deus! Receberam dele vários milagres, livramentos e benefícios incalculáveis, mas acharam melhor servir a Deus e a outros deuses ao mesmo tempo — afinal, todo o mundo agia assim. Isso, para Deus, é o mesmo que não o adorar ou conhecer. Ou Ele é o único Deus de alguém, ou não é Deus dessa pessoa.

Hoje também somos tentados a ter Deus junto com outros deuses. Podem ser bens materiais, ideologias, ideais, pessoas etc. Nada disso é, em si, maligno. Mas quando toma o lugar de Deus em nossa vida, nos leva à vida de ansiedade, pois nunca cessamos de desejar mais. Toda ganância desmedida é pecado. Deus e somente Ele deve ser a nossa fonte de alegria, satisfação e paz, pois apenas Ele conduz nossa vida nessa direção.

Perguntas para reflexão

1. O que lhe tem gerado ansiedade nos últimos tempos? É legítimo que você se sinta assim, ou você está focando demais em coisas secundárias?

2. Há alguma coisa que possa estar concorrendo com Deus no senhorio de sua mente? Quantas vezes você já buscou ao Senhor para satisfazer a um desejo seu?

3. Você realmente conhece Deus como seu Deus, tendo um vínculo pessoal com Ele? O que você aprendeu sobre o Senhor com a sua experiência de caminhada com Ele até aqui?

MEDITAÇÃO 46[47]

"…Serei o seu Deus…".

(Jeremias 31:33)

Ter Deus como o seu Deus, isso é tudo de que você pode precisar. Para ser feliz, você deseja algo que o satisfaça; e isso não é suficiente? Se essa promessa fosse uma bebida e pudesse ser derramada em seu copo, você não diria como Davi: "'…meu cálice transborda' (Sl 23:5)? Tenho mais do que o coração pode desejar". Quando Deus for o seu Deus, você não possuirá todas as coisas? Nossos desejos são insaciáveis como a morte, mas Aquele que cumpre tudo em todos pode preenchê-los. Quem pode medir a capacidade de nossos desejos? A riqueza imensurável de Deus pode mais do que transbordá-la. Então lhe pergunto, você não está completo com Deus? Quer alguma coisa além de Deus? Ele não é suficiente o bastante para satisfazê-lo, se tudo mais falhar?

Mas você quer mais do que satisfação tranquila, quer prazer arrebatador. Se esse é seu caso, há a música do céu para você, porque Deus é o Criador do céu. Nem toda música que brota de instrumentos de sopro ou de corda pode produzir uma melodia tão doce quanto essa promessa: "serei o seu Deus". Aqui está um mar profundo de alegria, um oceano ilimitado de prazer; venha, banhe seu espírito nele; nade sem parar e não encontrará a margem; mergulhe por toda a eternidade, e não achará o fundo. "Eu serei o seu Deus." Se isso não provocar um brilho em seus olhos nem seu coração bater mais forte de felicidade, então certamente sua alma não está saudável. Mas você quer mais do que os prazeres presentes; deseja algo sobre o qual possa exercitar a esperança. O que mais, então, você pode esperar do que o cumprimento dessa grande promessa, "serei o seu Deus"? Essa é a obra-prima de todas as promessas; sua alegria cria um céu aqui e fará um céu lá em cima. Habite na luz do seu Senhor e deixe sua alma ser arrebatada por Seu amor. Viva de acordo com os privilégios que Deus lhe dá e obtenha a alegria indescritível.

[47]Adaptado de Manhã, 9 de janeiro.

Oração

Pai celestial, há tantas coisas para eu desejar. Algumas delas são boas, outras, não. Algumas são realmente necessárias, outras são inúteis. O grande problema é a proporção que eu posso atribuir a elas, dando-lhes importância tão exagerada a ponto de perder a paz e a alegria. Ajude-me a ter prazer no Senhor e deixar que o Senhor satisfaça cada uma das minhas necessidades segundo a Sua bondade e amor sem limites. Amém!

Desafio da semana

Faça uma lista das bênçãos que você já recebeu de Deus. Anote pelo menos uma por dia. Pode ser algo que aconteceu há mais tempo ou bem recentemente. Se possível, lembre quando e como você recebeu esses "presentes" do Pai. Você consegue perceber que Deus muitas vezes superou as suas expectativas quando você realmente confiou nele?

> "Quando escrevo, tenho um espelho para a minha alma.

Bônus

Uma das nossas maiores dúvidas é saber se o que nós desejamos é a vontade de Deus para nós. Neste vídeo, você verá princípios que podem ser aplicados quando oramos ao Senhor por algo. A descoberta da vontade de Deus precisa de empenho de nossa parte.

VIDA SERENA E TRANQUILA

Leitura bíblica: Mateus 6:31-34

Portanto, não se preocupem, dizendo: "O que vamos comer? O que vamos beber? O que vamos vestir?". Essas coisas ocupam o pensamento dos pagãos, mas seu Pai celestial já sabe do que vocês precisam. Busquem, em primeiro lugar, o reino de Deus e a sua justiça, e todas essas coisas lhes serão dadas. Portanto, não se preocupem com o amanhã, pois o amanhã trará suas próprias inquietações. Bastam para hoje os problemas deste dia.

Para você entender

É interessante ver, na leitura bíblica de hoje, que Jesus compara as pessoas que se preocupam demais com o suprimento de suas necessidades a "pagãos". Sabe por quê? Essas pessoas acham que as posses materiais ou a saúde lhes traz segurança. Vivem como ateus, que confiam em si e não em Deus.

Da mesma forma como o Senhor administra a natureza, Ele cuida de nós. Os pássaros e outros animais selvagens não morrem de fome. As plantas se perpetuam por lindos e complexos processos de polinização. A Terra continua seus movimentos de rotação e translação, trazendo a luz do Sol e da Lua a cada novo dia. A única coisa que desequilibra tudo isso é a ambição humana. Por isso, Jesus pontua (em outras palavras): "tenham certeza de que nada faltará aos que buscam o reino de Deus em primeiro lugar. Sejam serenos e tranquilos".

Perguntas para reflexão

1. A ansiedade, ao contrário de nos ajudar a viver mais e melhor, abrevia a vida. Há diversos casos de jovens sofrendo problemas de saúde física causados pela ansiedade. E pior: ela gera falta de saúde espiritual também. De que modo desonramos a Deus quando vivemos excessivamente preocupados com o amanhã?

2. Quais os passos práticos que podemos tomar para desfrutar de paz mental?

3. O que significa "buscar, em primeiro lugar, o reino de Deus"?

MEDITAÇÃO 47[48]

"Entreguem-lhe todas as suas ansiedades, pois ele cuida de vocês."

(1 Pedro 5:7)

Quando eu sinto que Ele cuida de mim, encontro um jeito alegre de acalmar a tristeza. Não desonre a fé mantendo uma testa franzida de preocupação; venha, entregue seus pesos ao seu Senhor. Você está tendo dificuldade de caminhar por causa de um peso que para seu Pai não é difícil de carregar. O que lhe parece um fardo pesado, será para Ele apenas um pouco de pó na balança. Nada é tão alegre quanto descansar nas mãos de Deus, e saber apenas a Sua vontade.

E você que está sofrendo, seja paciente; Deus não lhe negou a Sua providência. Ele, que alimenta os pardais, também lhe dará o que você precisa. Não se entregue ao desespero; tenha esperança, espere sempre! Levante os braços da fé contra o mar de problemas e sua postura deve pôr fim à angústia. Existe um Deus que cuida de você. Seus olhos estão fixos em você, Seu coração bate com misericórdia pelo seu sofrimento, e Sua mão onipotente trará a ajuda de que precisa. As nuvens mais escuras trarão chuvas de misericórdia. A tristeza mais profunda dará lugar à manhã. Ele, se você fizer parte de Sua família, sarará suas feridas e curará seu coração partido. Não duvide de Sua graça por causa de sua tribulação, mas acredite que Ele o ama tanto nas temporadas de problemas, como nas horas de alegria.

Que vida serena e tranquila você levará se deixar a provisão nas mãos do Deus da providência! Com um pouco de azeite na botija e um punhado de farinha na panela, Elias sobreviveu à fome (1Rs 17:8-16), e acontecerá o mesmo com você. Se Deus tem cuidado de você, por que precisa se preocupar também? Você é capaz de confiar a Ele sua alma, mas não seu corpo? O Senhor nunca se recusou a aliviar o seu fardo, Ele nunca desabou com o seu peso. Então, venha! Não fique inquieto e deixe todas as suas preocupações nas mãos do Deus da graça.

[48]Adaptado de Manhã, 6 de janeiro.

Oração

Deus, quantas noites perdi o sono pensando em problemas que eu não conseguiria resolver naquela hora. Quanto cansaço e indisposição isso me trouxe! Que eu possa confiar que, da mesma forma que o Senhor cuida da natureza que criou, cuidará ainda mais de mim, que sou Seu filho. E que isso me traga a serenidade mental, que é tão rara hoje em dia. Amém!

Desafio da semana

Durante esta semana, procure se desconectar de seu celular, computador ou televisão uma hora antes de dormir, pelo menos. Procure ouvir músicas mais calmas, ou ler um livro (quem sabe a Bíblia). Sua mente precisa se acalmar antes de ir para cama. Depois, veja se consegue fazer disso uma prática do seu dia a dia.

> **"Quando escrevo, tenho um espelho para a minha alma.**

Bônus

A ansiedade, diferentemente do medo, é acionada por situações hipotéticas (que ainda não aconteceram e provavelmente não acontecerão). Neste vídeo, há sugestões de como lidar com os pensamentos ansiosos. Tente colocar essas dicas em prática.

MEMÓRIA QUE TRAZ ESPERANÇA

Leitura bíblica: Lamentações 3:21-26

Ainda ouso, porém, ter esperança quando me recordo disto: O amor do SENHOR não tem fim! Suas misericórdias são inesgotáveis. Grande é sua fidelidade; suas misericórdias se renovam cada manhã. Digo a mim mesmo: "O SENHOR é minha porção; por isso, esperarei nele!". O SENHOR é bom para os que dependem dele, para os que o buscam. Portanto, é bom esperar em silêncio pela salvação do SENHOR.

Para você entender

Você sabia que é muito mais fácil recordar de fatos que foram acompanhados de fortes emoções? Nossas emoções, sejam elas positivas ou negativas, desempenham um papel importante no armazenamento de memórias.

O profeta Jeremias estava vivendo um período terrível da história de Israel: por sua obstinação em não ouvir Deus, eles estavam colhendo os resultados de uma guerra que não tinham como vencer. O cenário de desespero e destruição era esmagador. Ali, o profeta estava adquirindo memórias ruins por causa das fortes emoções que experimentava. Mas, em meio a tudo isso, ele resolveu reorientar seu pensamento para aquilo que lhe traria a esperança necessária para o enfrentamento dessa crise: a fidelidade incondicional de Deus. A escolha era clara: confiar e experimentar paz, ou se desesperar e viver em ansiedade multiplicada.

Perguntas para reflexão

1. Tente lembrar de um fato que lhe trouxe muita alegria; agora, diga o que você comeu de almoço ontem. A menos que sua refeição tenha sido muito especial, ou que você não tenha podido almoçar (o que é estressante), provavelmente a última memória não é tão simples de reativar. Qual a sua melhor memória com Deus? O que a torna especial?

2. Traumas passados são difíceis de serem esquecidos por causa dos sentimentos que eles provocaram. Dependendo da gravidade, precisamos de ajuda terapêutica. Porém, a Bíblia apresenta algumas maneiras com que um cristão pode processar os efeitos dessas memórias sobre sua vida. Cite algumas delas.

3. Se, ao passar por uma situação semelhante a uma experiência anterior, você reviver memórias passadas ruins, isso trará estresse e ansiedade. Esses sentimentos podem ou nos bloquear, ou nos levar a agir sem pensar. Como você acha que Deus poderia ajudar alguém nessa situação?

MEDITAÇÃO 48[49]

"Ainda ouso, porém, ter esperança quando me recordo disto: O amor do SENHOR não tem fim!...". (Lamentações 3:21-22)

A memória é, com frequência, escrava das emoções ruins. Mentes desesperadas chamam à lembrança cada pressentimento sombrio do passado e amplificam cada situação desanimadora do presente. Assim a memória, vestida com roupas de sacos, apresenta à mente um copo de fel e absinto misturados. Não há, entretanto, necessidade disso. A sabedoria pode, prontamente, transformar a memória num anjo de consolo.

Aquela mesma lembrança que traz em sua mão esquerda tantos pressentimentos sombrios pode ser educada para trazer em sua mão direita abundantes sinais de esperança. Ela não precisa usar uma coroa de ferro; ela pode envolver sua cabeça com um fio de ouro todo coberto de estrelas. Assim foi na experiência de Jeremias. No versículo anterior, a memória lhe trouxera uma profunda humilhação da alma: "Lembro-me sempre destes dias terríveis enquanto lamento minha perda" (Lm 3:20); e agora, essa mesma lembrança o restaura para a vida e o consolo: "Ainda ouso, porém, ter esperança..." (v.21). Como uma espada de dois gumes, sua lembrança primeiro matou seu orgulho com um gume, e depois assassinou seu desespero com o outro. Como um princípio geral, se exercitarmos nossa memória mais sabiamente, podemos, no nosso mais sombrio desespero, acender a luz que iluminará a lâmpada da consolação instantaneamente. Não há necessidade de Deus criar algo novo sobre a Terra para restaurar a alegria dos cristãos. Se eles puderem garimpar, em oração, as cinzas do passado, encontrarão luz para o presente; e, se eles se voltarem para o Livro da verdade e para o trono da graça, suas lanternas logo brilharão como antes.

Que esta seja nossa lembrança da benignidade do Senhor e a repetição de Suas obras de graça. Abramos o livro de lembranças que é tão

[49]Adaptado de Noite, 28 de maio.

ricamente iluminado com memórias de misericórdia, e logo ficaremos felizes. Pois a memória pode ser, como disse Coleridge [N.E.: Poeta inglês (1772–1834)], "o florescer da alegria", e quando o Consolador divino a inclina ao Seu serviço, ela pode se tornar o principal consolador entre os consoladores terrenos.

Oração

Deus, não permita que eu fique escravo de memórias ruins do meu passado, ou do presente. Que elas não determinem meu curso de ação no futuro. Pelo contrário, me ajude a construir com o Senhor as boas memórias que trarão o alívio para a ansiedade quando eu tiver de enfrentar novos desafios difíceis. Quero conhecer mais desse Seu caráter de um Pai cheio de amor e cuidado. Não peço que o Senhor apague a minhas más memórias, mas que elimine o efeito ruim que elas podem ter sobre mim.

Desafio da semana

> "Quando escrevo, tenho um espelho para a minha alma.

Seu exercício desta semana vai exigir disposição e talvez humildade. Há alguma memória ruim que fica retornando vez após vez à sua mente e lhe gera ansiedade? Pode ser um pecado não confessado, uma situação de abuso (de qualquer tipo), *bullying*, um acidente etc. Procure um bom conselheiro espiritual e abra seu coração sobre seu trauma com ele. Se isso for um incômodo que você não consegue superar, talvez seria bom pedir ajuda a seus pais ou ao seu pastor para o encaminhar a um terapeuta. Deus quer que você seja saudável emocionalmente e consiga lidar com as dificuldades da vida. E, muitas vezes, Ele usa agentes humanos para nos auxiliar.

Bônus

O motivo de perdermos a esperança é muitas vezes a falta da perspectiva de um futuro melhor, perfeito, conforme prometido por Deus. No devocional do *QR Code*, você verá a capacidade que Deus tem de transformar situações terríveis em obras de arte.

DEUS FAZ FERRO FLUTUAR

Leitura bíblica: 2 Reis 6:1-7

Certo dia, os membros do grupo de profetas disseram a Eliseu: "Como vê, este lugar onde nos reunimos é pequeno demais. Vamos descer ao rio Jordão, onde há muitos troncos, e construir ali um lugar para nos reunirmos". "Está bem", disse Eliseu. "Podem ir." "Venha conosco", sugeriu um deles. "Eu irei", disse ele. E foi com eles. Quando chegaram ao Jordão, começaram a derrubar árvores. Enquanto um deles cortava um tronco, a parte de ferro do machado caiu no rio. "Ai, meu senhor!", gritou. "O machado era emprestado!" "Onde caiu?", perguntou o homem de Deus. Quando mostraram o lugar para Eliseu, ele cortou um galho e o jogou na água, e fez o ferro do machado flutuar. "Pegue-o", disse Eliseu. E o homem estendeu a mão e o pegou.

Para você entender

As leis da física, embora invisíveis, mantêm os sistemas funcionando de forma harmônica. Aparentemente nada, nem ninguém, pode violá-las — com exceção de Deus, que as criou. Em mais de uma situação bíblica, vemos as leis da natureza sendo quebradas, como na história de hoje.

Isso quer dizer que, quando Deus age em favor de Seu povo, não há qualquer barreira que possa impedi-lo. Nem mesmo a força da natureza. O fato de saber disso traz a tranquilidade de entendermos que nada do que nos ocorre está fora do controle dele, e Deus tem um livramento preparado para todos os que dependem dele. Essas verdades nos trazem a segurança que não encontraremos em qualquer outro lugar ou pessoa.

Perguntas para reflexão

1. Qual a sua primeira reação diante de uma situação inusitada? Experimenta desespero e ansiedade, ou consegue, apesar do susto, pensar de forma calma para tomar boas decisões? Como você acha que Deus poderia ajudá-lo com isso?

2. Saber que Deus tem poder ilimitado sobre todas as coisas traz a você uma perspectiva diferente para aquilo que parece ser impossível de resolver?

3. Quais são as situações que mais lhe provocam ansiedade e estresse? Quantas delas são reais e quantas são fruto de seu pensamento? Você crê que Deus possa lhe trazer uma atitude mais segura diante delas?

MEDITAÇÃO 49[50]

"... e fez o ferro do machado flutuar."

(2 Reis 6:6)

A cabeça do machado parecia estar irremediavelmente perdida e, como ele era emprestado, a honra do grupo de profetas poderia ser questionada e, por conseguinte, o nome de seu Deus ficaria comprometido. Contrariando todas as expectativas, o ferro subiu do fundo do rio e flutuou, provando que aquilo que é impossível ao homem é possível a Deus.

Conheci um cristão alguns anos atrás que foi convocado para assumir um trabalho que em muito excedia suas forças. Parecia dificílimo envolver-se na absurda ideia de tentar. No entanto, ele havia sido chamado, e sua fé fortaleceu-se na ocasião; Deus o honrou, uma ajuda inesperada foi enviada, e o ferro flutuou. Outra família do Senhor estava com graves problemas financeiros. Eles poderiam pagar todas as dívidas e muito mais se pudessem ter vendido uma certa parte de sua propriedade, mas foram atingidos por um mal súbito. Em vão recorreram a amigos, mas a fé os levou a buscarem o Socorro infalível. E, vejam, o problema foi evitado, seus passos foram corrigidos, e o ferro realmente flutuou. Um terceiro precisou lidar com um triste caso de depravação. Ele ensinou, reprovou, alertou, convidou e intercedeu, mas foi tudo em vão. O velho Adão — a velha natureza adâmica pecaminosa (1Co 15:45-49) — era forte demais para o jovem Melâncton [N.E.: Reformador alemão, colaborador de Lutero], seu espírito teimoso não cedia. Então veio a agonia da oração, e logo uma resposta abençoada foi enviada dos céus. O coração endurecido foi quebrantado, o ferro flutuou.

Amado leitor, qual é o seu caso desesperador? Que problema pesado está em suas mãos no dia de hoje? Traga-o para cá. O Deus dos profetas vive e vive para ajudar os Seus filhos. Ele não permitirá que lhe falte

[50]Adaptado de Noite, 13 de janeiro.

qualquer boa dádiva. Creia no Senhor dos Exércitos! Aproxime-se dele, implorando em nome de Jesus, e o ferro deverá flutuar; você verá o dedo de Deus operando maravilhas pelo Seu povo. Viva de acordo com sua fé, e mais uma vez, o ferro deverá flutuar.

Oração

Querido Deus, quando me vejo em situações acima do meu poder para resolvê--las, tendo a me desesperar. Mas reconheço que o Senhor tem o poder de fazer "ferro flutuar" e lhe peço que me ajude a confiar nisso sempre que for necessário. Que assim eu tenha a paz de saber que todas as coisas serão solucionadas pelo Senhor, no Seu tempo — que é o melhor tempo.

Desafio da semana

A melhor forma de alimentar nossa mente com esperança é conhecer melhor a Palavra de Deus. Nesta semana, desafiamos você a fazer o curso gratuito de "Princípios básicos do Novo Testamento", acesse o *QR Code* abaixo na seção *Bônus*. Aproveite para conhecer mais sobre a Bíblia e seu Autor.

"Quando escrevo, tenho um espelho para a minha alma."

Bônus

Convidamos você a fazer o curso gratuito "Princípios básicos do Novo Testamento" pela Universidade Pão Diário. É só acessar o *QR Code* e mergulhar no oceano da Palavra de Deus, recebendo dela instrução, esperança e sabedoria.

DIPLOMADO EM SABEDORIA

Leitura bíblica: Salmo 84:5-7,11-12
Como são felizes os que de ti recebem forças, os que decidem percorrer os teus caminhos. Quando passarem pelo vale do Choro, ele se transformará num lugar de fontes revigorantes; as primeiras chuvas o cobrirão de bênçãos. Eles continuarão a se fortalecer, e cada um deles se apresentará diante de Deus, em Sião. [...] Pois o SENHOR Deus é nosso sol e nosso escudo; ele nos dá graça e honra. O SENHOR não negará bem algum àqueles que andam no caminho certo. Ó SENHOR dos Exércitos, como são felizes os que confiam em ti!

Para você entender

Inteligência é diferente de sabedoria. Uma pessoa inteligente em alguma área consegue aprender com rapidez e tem um desempenho acima da média naquilo em que é habilidoso. No entanto, a pessoa sábia consegue avaliar as situações e informações com imparcialidade e tomar as decisões mais acertadas em qualquer área da vida. O mundo possui muitos gênios, mas poucos sábios, por isso temos uma sociedade perdida e confusa.

A Bíblia fala que o princípio da sabedoria se esconde no temor a Deus (Pv 9:10). Quem teme ao Senhor não precisa temer qualquer outra ameaça, por mais real que ela seja. Essa pessoa tem a tranquilidade de saber que seu destino está nas mãos do Deus em quem ela coloca sua total confiança. Assim sendo, a paz e a alegria das escolhas bem-feitas são benefícios colhidos por quem é sábio.

Perguntas para reflexão

1. O apóstolo Paulo reconhece que há um tipo de sabedoria produzida pelo mundo, mas afirma que "a 'loucura' de Deus é mais sábia que a sabedoria humana, e a 'fraqueza' de Deus é mais forte que a força humana" (1Co 1:25). Então, onde podemos encontrar a fonte da verdadeira sabedoria de Deus? Quantas vezes você já procurou por sabedoria nessa fonte?

2. Tiago traça critérios para que se possa identificar qual a procedência das diferentes sabedorias (Tg 3:14-17). Em suas palavras, qual é a distinção entre a sabedoria meramente humana e a sabedoria divina?

3. Você se recorda de algum momento em que a orientação de Deus veio até você e o livrou de um provável problema? Como isso aconteceu?

MEDITAÇÃO 50[51]

"Quem ouve a instrução prospera; quem confia no SENHOR é feliz."

(Provérbios 16:20)

A sabedoria é a verdadeira força do ser humano e, sob sua orientação, ele alcança melhor os seus objetivos. Lidar sabiamente com as questões da vida dá ao homem a alegria mais preciosa, e mostra o mais nobre emprego de suas forças; por isso, ele acha o bem no sentido mais amplo. Sem sabedoria, o homem é como um potro selvagem, correndo de um lado para o outro, desperdiçando a força que poderia ser empregada de forma mais proveitosa. A sabedoria é a bússola pela qual o homem é orientado ao cruzar a trilha da vida sem desperdício; sem ela, ele é um navio abandonado, que serve de diversão aos ventos e às ondas. Um homem deve ser prudente em um mundo como este ou ele não encontrará o bem, mas estará entregue a inúmeras calamidades. O peregrino ferirá dolorosamente seus pés nas farpas do assoalho da vida se não escolher seus passos com a maior cautela. Quem está no deserto infestado de bandos de ladrões deve lidar com a questão sabiamente se quiser ter uma viagem segura.

Se, treinados pelo Grande Mestre, seguirmos por onde Ele nos guia, encontraremos o bem, mesmo estando nesta escura morada; há frutos celestiais a serem colhidos nesta vida, e músicas do paraíso a serem cantadas em meio aos bosques da Terra. Mas onde essa sabedoria deve ser encontrada?

Muitos sonharam com ela, mas não a possuíram. Onde devemos aprendê-la? Vamos escutar a voz do Senhor, pois Ele declarou o segredo. Ele revelou aos filhos dos homens onde habita a verdadeira sabedoria e temos isso no texto: "quem confia no SENHOR é feliz". *A verdadeira forma de lidar com um problema sabiamente é confiando no Senhor*. Esta é a pista mais segura para os mais emaranhados labirintos da vida, siga-a e encontrará alegria eterna. Aquele que confia no Senhor tem um diploma

[51]Adaptado de Noite, 5 de maio.

de sabedoria garantido por inspiração: feliz ele está agora, e mais feliz ainda estará lá em cima.

Oração

Senhor, há tanta gente perdida e confusa nessa vida porque não consegue tomar decisões tranquilamente. Muitas vezes, eu estou entre eles, e isso me deixa inquieto, ansioso. Peço que o Senhor me abençoe com a compreensão da Sua Palavra, para que eu possa aplicá-la adequadamente à minha vida. E que eu conheça Jesus cada vez melhor, para poder diferenciar a voz dele das tantas vozes que querem roubar minha atenção. Ajude-me a caminhar nessa confiança e viver feliz!

Desafio da semana

> “Quando escrevo, tenho um espelho para a minha alma.”

Nosso desafio para você é que, a partir desta semana e pelos próximos 31 dias, você leia o livro de Provérbios. Ele tem 31 capítulos, exatamente um para cada dia de um mês. Destaque em sua Bíblia todos aqueles conselhos que chamarem a sua atenção e ore a Deus pedindo que você consiga aplicá-los em sua vida e, quem sabe, até oferecer esses conselhos a seus amigos e familiares. Antes, assista ao vídeo que sugerimos na seção *Bônus*, para conhecer melhor as divisões desse livro.

Bônus

Para conhecer melhor o livro de Provérbios e entender a relação dele com os demais livros da Bíblia, assista a este vídeo introdutório bem dinâmico e interessante que vai enriquecer a sua experiência de leitura.

À ESPERA DE UM MILAGRE

Leitura bíblica: João 5:1-9

Depois disso, Jesus voltou a Jerusalém para uma das festas religiosas dos judeus. Dentro da cidade, junto à porta das Ovelhas, ficava o tanque de Betesda, com cinco pátios cobertos. Ficavam ali cegos, mancos e paralíticos, uma multidão de enfermos, esperando um movimento da água, pois um anjo do Senhor descia de vez em quando e agitava a água. O primeiro que entrava no tanque após a água ser agitada era curado de qualquer enfermidade que tivesse. Um dos homens ali estava doente havia 38 anos. Quando Jesus o viu e soube que estava enfermo por tanto tempo, perguntou-lhe: "Você gostaria de ser curado?". O homem respondeu: "Não consigo, senhor, pois não tenho quem me coloque no tanque quando a água se agita. Alguém sempre chega antes de mim". Jesus lhe disse: "Levante-se, pegue sua maca e ande!". No mesmo instante, o homem ficou curado. Ele pegou sua maca e começou a andar...

Para você entender

Você já reparou nas diversas formas que Jesus usou para curar pessoas? Para alguém, Ele só dava uma palavra a distância, nem precisava chegar perto; alguns vinham e tocavam nele; outros, Ele os tocava. Jesus chegou a fazer lama com Sua saliva e aplicar nos olhos de um cego. Os métodos variavam e se adequavam à pessoa que vinha buscá-lo.

Às vezes, nossa ansiedade se manifesta porque esperamos que Cristo aja de uma forma determinada (que nós achamos ser a melhor) em nossa vida. Quando não ocorre conforme pensamos, ficamos decepcionados e ainda mais ansiosos. Fixamos os olhos naquilo que achamos que nos trará a solução e deixamos de focar no próprio Mestre. Sempre que é assim, estamos perdendo tempo e bênçãos.

Perguntas para reflexão

1. É fácil falar que os caminhos de Deus são superiores aos nossos e que os planos dele para nós são melhores do que podemos imaginar (Jr 29:11), mas é difícil crer dessa forma em nosso coração. Como você explica essa tendência humana de achar que sabe mais do que Deus sobre como conduzir a própria vida?

2. Relembre uma situação em que, mesmo com seus melhores esforços, você seria incapaz de mudar suas circunstâncias, mas que Deus interveio e transformou tudo para seu bem. Como você se sentiu com essa surpresa de Deus?

3. Fé é diferente de pensamento positivo. Normalmente o último enfoca no próprio potencial pessoal, em emoções positivas e no alvo desejado. A fé se firma sobre o caráter de Deus, sobre Sua Palavra e não se guia por emoções ou circunstâncias. Assim sendo, durante os seus desafios, você exerce fé ou o pensamento positivo? Explique.

MEDITAÇÃO 51[52]

"Jesus lhe disse: 'Levante-se, pegue sua maca e ande!'".

(João 5:8)

Como muitos outros, esse homem debilitado estava esperando que uma maravilha fosse operada e que um sinal lhe fosse dado. Cansado, ele olhava o tanque, mas nenhum anjo veio (ou, pelo menos, não veio *para ele*). Ainda assim, pensando ser essa a sua única chance, ele esperou quieto, e não reconheceu que havia Alguém perto dele cuja palavra poderia curá-lo imediatamente.

Muitos estão na mesma condição: esperando por alguma emoção especial, uma impressão notável ou uma visão celestial; esperam em vão e olham para o nada. Ainda que pensem desse modo, em alguns casos, acontecem sinais notáveis, mas são raros e nenhum homem tem direito de buscá-los para si próprio — nenhum homem, especialmente aquele que sente sua impotência para ir até a água, mesmo que o sinal venha.

É uma reflexão muito triste pensar que dezenas de milhares colocam sua esperança em coisas exteriores como os sacramentos, votos e resoluções, e esperam tanto tempo em vão, totalmente em vão. Enquanto isso, esses pobres se esquecem do Salvador presente, que os convida a se voltarem para Ele e serem salvos (Is 45:22). Ele poderia curá-los de uma vez, mas eles preferem esperar por um anjo ou uma maravilha. Confiar nele é o caminho certo de cada bênção, e Ele é digno da maior confiança; mas a incredulidade os faz preferir o ambiente gelado do tanque de Betesda ao aconchegante abraço do Seu amor.

Que o Senhor possa voltar Seus olhos para as multidões que estão nesta situação hoje. Que Ele possa perdoar a desconsideração que fazem ao Seu divino poder e chamá-los, com a doce voz que insiste que eles se levantem da cama do desespero e, no poder da fé, tomem seus leitos e andem.

Querido jovem, Deus falou ao seu coração hoje?

[52]Adaptado de Noite, 7 de maio.

Oração

Pai amado, quantas vezes os meus olhos estão fixos em coisas que não trazem a solução para meu caso, por melhor que elas sejam. Eu preciso, muitas vezes, de cura das minhas emoções e me apego a coisas exteriores como meios de isso acontecer. Que eu tire o meu olhar do meu "tanque de Betesda" e o coloque no Senhor, para ouvir a Sua voz me instruindo sobre como sair dessa situação em que me encontro.

Desafio da semana

Jesus deu instruções àquele paralítico sobre como sair dali curado: levante-se, pegue sua maca e ande. Ele poderia ter feito um sinal todo especial levando o homem a flutuar e colocá-lo de pé, mas não fez. Da mesma forma, precisamos estar atentos às ordens que Jesus nos dá para que vençamos a ansiedade.

> "Quando escrevo, tenho um espelho para a minha alma.

Então, quais os passos que Jesus já lhe deu por meio de nossas leituras? Anote as coisas que Deus tem falado ao seu coração nas últimas semanas, que você precisa fazer, e coloque-as em prática. Já pensou se aquele paralítico ouvisse Jesus e não fizesse nada?

Bônus

Às vezes, as história que lemos tomam vida e novas cores quando as vemos encenadas. Assista a um extrato da série *The Chosen* que mostra a cura do paralítico no tanque de Betesda e tente se colocar no lugar daquele homem. O que isso provoca em você?

UMA RESERVA EM SEU NOME

Leitura bíblica: Hebreus 11:1-3,33-35

A fé mostra a realidade daquilo que esperamos; ela nos dá convicção de coisas que não vemos. Pela fé, pessoas em tempos passados obtiveram aprovação. Pela fé, entendemos que todo o universo foi formado pela palavra de Deus; assim, o que se vê originou-se daquilo que não se vê. [...]

Pela fé, eles conquistaram reinos, governaram com justiça e receberam promessas. Fecharam a boca de leões, apagaram chamas de fogo e escaparam de morrer pela espada. Sua fraqueza foi transformada em força. Tornaram-se poderosos na batalha e fizeram fugir exércitos inteiros. Mulheres receberam de volta seus queridos que haviam morrido.

Para você entender

Para abençoar o povo que confia nele, Deus nem sempre agirá de modo lógico ou como esperamos. Mas, em Seu tempo, o Senhor fará maravilhas!

A soberania de Deus, ou seja, Sua capacidade infinita de governar e controlar tudo bem, deveria nos trazer segurança mesmo diante dos maiores perigos ou ameaças. Se Ele criou os sistemas perfeitos em que estamos inseridos e, como um Maestro, rege a natureza; quem dirá que Ele não poderá nos socorrer quando estivermos fracos ou confusos? O segredo da paz interior está na confiança neste Deus Todo-Poderoso, que é, ao mesmo tempo, um Pai de amor.

Perguntas para reflexão

1. Quando se fala de suprimento divino, sempre pensamos em coisas materiais. Porém isso nem sempre é o que mais importa. Você já pediu a ajuda de Deus para situações que requeriam autocontrole, paciência, alegria, sabedoria, motivação ou outra necessidade emocional/psicológica?

2. O que o conhecimento da soberania de Deus representa para você: segurança ou incerteza? Por quê?

3. Qual é a nossa parte, nossa responsabilidade, quando estamos enfrentando um período de escassez (material ou não) diante de Deus?

MEDITAÇÃO 52[53]

"...há cereais no Egito...".

(Gênesis 42:2)

A fome atingiu todas as nações e parecia inevitável que Jacó e sua família passassem por grandes necessidades. Mas o Deus da providência, que nunca se esquece daqueles que elegeu por Seu amor, havia enchido um celeiro para Seu povo, dando alertas aos egípcios sobre a escassez e levando-os a estocar os grãos dos anos de abundância (Gn 41).

Mal esperava Jacó que sua libertação da fome viria do Egito, mesmo assim havia cereais estocados para ele. Cristão, embora todas as coisas pareçam estar contra você, descanse seguro de que Deus fez uma reserva em seu nome; no registro de seus sofrimentos, há uma cláusula de salvação. De alguma forma, Ele o libertará e, em algum lugar, Ele o proverá. Talvez o lugar de onde virá o seu resgate seja inesperado; porém, a ajuda certamente chegará, e você deverá glorificar o nome do Senhor. Se os homens não o alimentarem, corvos o farão; e se a terra não produzir trigo, do céu cairá o maná.

Portanto, tenha bom ânimo e descanse tranquilamente no Senhor. Deus pode fazer o sol nascer no Oeste, se Ele quiser, e fazer da fonte de aflição, o canal de satisfação. Os cereais do Egito estavam todos nas mãos do amado José; ele abria e fechava os celeiros conforme a sua vontade. E assim também as riquezas da providência estão sob o poder absoluto de nosso Senhor Jesus, que as distribuirá livremente para Seu povo. José estava pronto a socorrer sua própria família, e Jesus é incansável em cuidar fielmente de Seus irmãos.

Nossa obrigação é procurar a ajuda que nos é prevista: não podemos ficar sentados em desânimo, mas devemos nos movimentar. A oração nos levará rapidamente à presença de nosso Irmão real. Uma vez que estejamos diante do Seu trono, apenas precisamos pedir e receber — Seus

[53]Adaptado de Noite, 21 de maio.

estoques não acabam; ainda há cereais, Seu coração não é insensível, Ele nos dará o necessário.

Oração

Pai amado, sei que o Senhor conhece cada uma das minhas necessidades, materiais ou não, muito melhor do que eu. Ajude-me a confiar no Senhor nos momentos em que parecer que a situação está me apertando de todos os lados. Tire do meu coração a ansiedade por ver o problema resolvido, e ajude-me a descansar enquanto espero por Seu livramento.

Desafio da semana

Você chegou ao final de um ano estudando temas importantíssimos para um filho de Deus. Parabéns! Agora volte as páginas desde o começo para relembrar algumas das coisas sobre as quais refletiu. Escreva como as lições estudadas neste livro mudaram sua perspectiva de Deus, da fé cristã, da Bíblia e do próximo.

> **“Quando escrevo, tenho um espelho para a minha alma.**

Bônus

Quando um jovem serve a Jesus fielmente, ele se torna referência para quem está ao seu redor e uma influência positiva nos ambientes que frequenta. No *QR Code*, você terá acesso a uma série de conselhos de jovens cristãos escritores que usam seu talento para abençoar outros jovens, ao mesmo tempo em que desenvolvem suas carreiras. Prepare-se para ser mais um “Intencional”!

NOTAS

NOTAS

NOTAS

NOTAS

NOTAS